JN290049

こうすれば

社長！会社のお金はもっと借りられます

経営改善実践コンサルタント
島ノ内 英久
Hidehisa Shimanouchi

はじめに

あなたなら、どちらにおカネを貸しますか？

あるとき、あなたはAさん・Bさんという二人の知人から
「おカネを貸してほしい」
と言われました。

二人とも長いつき合いで、これまでおカネの貸し借りに関して、特に優劣はありません。

それぞれの言い分は、次の通りです。


【Aさん】

「10万円貸してほしい。これまでも、しっかり返してきたし、今回も、しっかり返すから」

「えっ、どうやって返すかって？」

「そりゃもちろん、**これまで以上に頑張って仕事する**から、大丈夫だよ。俺を信用してくれよ」

【Bさん】

「10万円貸してほしい。これまでも、しっかり返してきたし、今回も、しっかり返すから」

「えっ、どうやって返すかって？」

「**勤めている会社の手取り20万円の内、1万円を返済にあてよう**と思っているんだ。

1万円×10ヶ月＝10万円

本来なら10ヶ月で返せるけど、会社が厳しい状況だから給料が減るかもしれないし、近々、2～3万円程度のデジカメを買いたいと思っているので、これらを見こんで、15ヶ月返済ということでお願いしたいんだ。

15ヶ月後にちょうど10万円となるように返済していくよ。

それから簡単で申し訳ないけど、この紙に今言った返済計画を書いているので読んでみ

図1　あなたは、どちらに10万円貸しますか?

これまで以上に仕事を頑張るから!
Aさん
・返済計画書を提出
・3ヶ月に1度は、仕事状況を報告
・返済が滞りそうな場合、あらかじめ連絡
返済計画書
Bさん

て。３ヶ月に一度は、仕事の状況を連絡するし、もし今後、返済が滞りそうだったら、あらかじめ連絡するから」

いかがですか？

当然、あなたは**Bさんに10万円貸します**よね。

なぜならAさんは、

「これまでも、しっかり返してきたし、今回も、しっかり返すから」

と、返済実績を基に今回の返済も大丈夫、という独りよがりの自分勝手な論理ですし、

「これまで以上にがんばって仕事するから、大丈夫」と、どのように頑張って仕事するかが不明確で、相手に理解が得られる現実的な考えではないからです。

一方、Bさんは、

「会社が厳しい状況だから給料が減るかもしれないし、今ちょうど買いたいモノがあるから」

と、自分を客観視できていますし、

「簡単で申し訳ないけど、この紙に返済計画を書いている」

と、返済計画に無理がないかを資料として説明しようとしています。さらに、

「3ヶ月に一度は仕事の状況を連絡するし、もし今後、返済が滞りそうだったら、あらかじめ連絡するから」

と、おカネを返していればよいという身勝手な判断でなく、Bさんがいかに真面目に生活しているかを、貸し手にわかりやすく積極的に情報提供しようとしています。


この話を読んで、ヒトゴトだと思っていませんか？

実は、意外にAさんのような社長が多いのです。


話を「融資」の話に置き換えてみます。

金融機関の融資担当者に対し、

「これまでしっかり返済してきたから、今回も大丈夫」

という非論理的な説明を繰り返し、挙句に

「ワシが嘘ついたことあるか」
「おまえじゃ、話にならん。支店長を呼べ」
と怒鳴る社長。

どうですか？　身に覚えはありませんか？

最近の傾向ですが、金融機関は決算報告書を基に与信することは当然のこととしても、各支店の支店長や次長、融資担当課長などが、融資先企業の社長のことをよく知っているから融資につながりやすい、といった情に流されがちな「**ウェットな関係**」から、決算報告書だけでなく**経営改善計画書**（あるいは**事業計画書**）といった書類や**経営者の客観的な人物評価**などを点数化し、「**ドライな関係**」が強まってきているのです。

ここ数年、融資先企業に対する金融機関の動きが変わってきました。

特に、中小企業にとって身近な地方銀行や信用金庫、信用組合などの中小・地域金融機関が大きく変化しています。

図2　最近の金融機関の動き

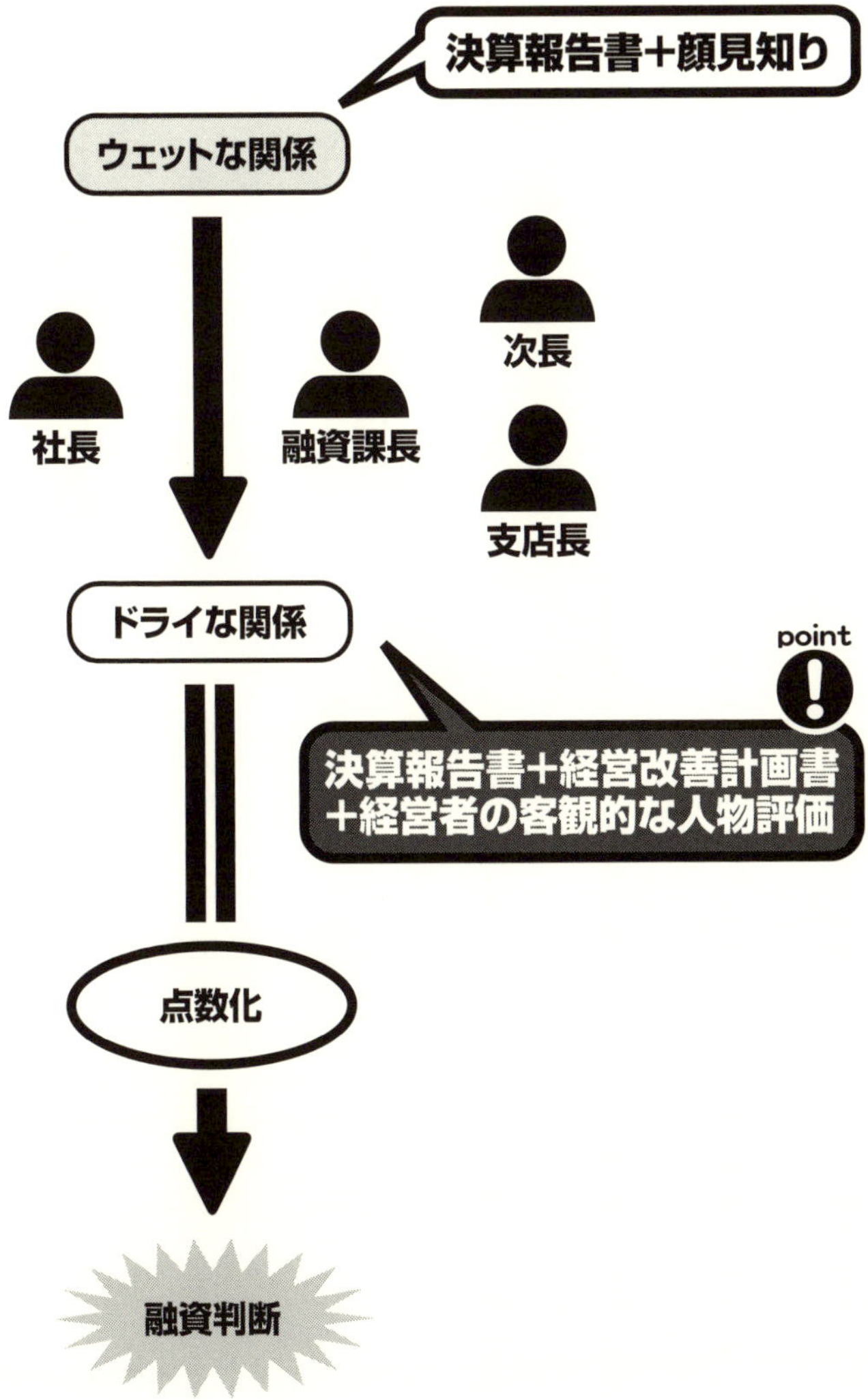

一言でいうと、**担保や保証だけに過度に依存しない融資の推進**です。

金融機関は、土地などの担保や社長の個人保証を当然重要視します。

しかし、担保や保証を含めた財務面だけで判断するのではなく、企業の経営の実態をより多面的に把握し、融資判断をするように変わってきているのです。

思い出してみてください。

そういえば最近、事業計画書や経営改善計画書の提出を求められたことはありませんか？

金融機関は、決算報告書から**企業の過去**を知り、事業計画書や経営改善計画書から**企業の将来**を知ろうとしています。

特に社歴が長い企業は、年商と同程度、あるいはそれ以上の額の長期借入金を抱えていることがよくあります。

この場合、2、3年という短期間で長期借入金を返済することはほぼ不可能であり、短くとも5年、長ければ10年以上に渡って返済し続けなくてはなりません。

事業環境の変化が激しい昨今、このような長期に渡る返済能力は、決算報告書からではわかりませんし、担保や保証だけで賄《まかな》いきれるものでもないでしょう。

担保や保証に過度に依存しないという金融庁の方針の変化への対応を含め、金融機関は融資先企業の未来、行く末を注視するようになっていったのです。

ところで私はここ数年、商工会議所や中小企業支援センターなどで「融資折衝セミナー」や「信用格付けアップ」といった題名でセミナー講師を務めています。

セミナーでは、金融機関の動きや融資判断の仕組み、そして円滑な融資を受けたい社長が求められる行動について、事例を交えながらお話させて頂いています。

受講後のアンケートには、

「金融機関が、こんな仕組みで企業の格付けをしているとは、知らなかった」

「金融検査マニュアルが公開されているとは、知らなかった」

「経営者のコミュニケーション能力も、融資に関係するんですね」

といったことが、よく書かれています。

こうした数々の「想い」をきっかけに、私はセミナーの内容を本書にまとめることにしました。

今は財務状況がよくなくても、経営に前向きな姿勢を具体的に金融機関に見せることで、より円滑な融資を受けることができる可能性を高めることができます。

次章からは、中小企業、特に製造業にありがちな融資交渉の現場を、物語風に書いていきます。

経営者の方は自分自身が、主人公である高島社長のような態度をとっていないか、客観視してみてください。

それでは。

社長の皆さん、頑張っていきましょう。

島ノ内　英久

目次

第3章 融資を受けたい社長に求められる5つの作戦

第4章　経営改善計画書作成　8つの実践ノウハウ

第７章 おカネと情熱、そして経営の仕組み
経営に必要な３つのこと

装丁　panix
本文図版・組版　横内俊彦

第1章

社長、
それで融資は
無理です！

【主な登場人物】

◎高島社長＝㈱高島印刷　代表取締役社長

58歳。父親が、約20年前に印刷業を創業。5年前に父親の急逝にともない、事業継承。大阪の大手印刷会社数社からの下請けが主。

2名の正社員と10数名のパート従業員がいる。

パート従業員は多くが、保育園や幼稚園、小学校の子供をもつ母親で、朝、子供たちを送り出した後、8時半や9時、9時半などそれぞれ都合のよい時間に高島印刷に出勤となるため、他の企業と異なり、パート従業員を含めた全従業員での一斉朝礼が難しい。

本来は、一斉朝礼で一日の作業を確認する方が効率よいことはわかっているが、周囲の工場に比べて賃金が低いこともあり、出勤時間で無理を言えない状況となっている。

また、小さな子供を抱えるパート従業員にとって「出勤時間の融通が利くのは有難い」という声が多い。

保育園や幼稚園、小学校に通う子供が帰宅する時間には家に居たいパート従業員がほとんどのため、昼過ぎには少しずつ、4時頃には、多くのパート従業員が退社してしまう。

◎川口さん＝関西信用組合　融資担当

大阪の公立大学を卒業後、地銀を含め、関西の地域金融機関の中でも大手といわれる関西信用組合に就職。3年ほど本部勤務の経験があるが、それ以外は関西のいくつかの支店で直接、融資先企業と接する業務をずっと担当している。

融資担当という仕事柄、製造業やサービス業、商店街、建設業などたくさんの業種に接しているが、実家が、鉄工業ということもあり（実家は、兄が工場長として頑張り家業を継ぐ予定）、とりわけ製造業に対する興味と思い入れは深い。

高島社長は、父親と同世代ということもあり、高島印刷を金融機関の立場で何とか支援したいと強く思っている。

◎小田さん＝経営コンサルタント

大学で電子工学を学んだ後、一部上場企業の開発部門で、白物家電の新商品開発を10年ほど担当。その後、インドネシア工場での家電の工場全体の管理を約6年担当。

帰国後、新商品開発に復帰し、数年間、管理職として活躍。一方、インドネシア駐在時代に、会社経営の面白さ、難しさを経験したことから、経営コンサルタントの国家資格である中小企業診断士試験の勉強を帰国後から開始。運よく、一次試験、二次試験を一発合格。

中小企業診断士合格を機に経営コンサルタントとして独立。以来、経営計画書作成や経営改善の実践支援など、中小企業の「ガンバル社長の右腕」として活動中。

つい先月、商工会議所で中小企業の経営革新に関するセミナー講師をつとめた際、高島社長が受講していた。セミナー終了後に、高島社長から質問があり、「では一度、高島印刷さんにお伺いしましょうか」いうことから両者の付き合いが始まった。

(1) 融資担当川口の苦悩

「川口さん、何とか1,000万円お願いしますよ。新しい機械があれば、今度の大口受注に対応できるんです」

高島は、いつになく切羽詰った様子で、川口に詰め寄った。

「でも社長。ここ数年、毎年設備投資していらっしゃいますが、伺ったところ、朝9時から工場が動き始め、午後3時か4時にはほとんどの印刷機械が止まっていて、稼働率もそんなに高くないですよね。それならば新しい機械を買う前に、現行設備の稼働率を高めることを考えてはいかがですか？」

川口は、高島の勢いに飲まれないように、必死に食い下がる。

「……そうはいっても見ての通り、うちのパート社員は、幼稚園や小学校の子を持つ母親が多くてね。家に子供が帰る時間を考えると、どう頑張っても午後3時までしか稼動できないんだよ。だから、新しい機械で午後3時までの生産量を上げるしかないんだ」

高島は、社員の立場を考える親分肌のタイプだ。

なるべく社員の負担にならないように考えての決意だった。

ただこういった点が、たくさんの受注があるにも関わらず、顧客に対し先手が打てず、収益性が低いままとなっている一因といえる。

この考えを脱却することで、会社が伸びることにつながるのだが……

川口もその辺りを察して、

「まあ、高島社長のお気持ちはよくわかりますので、今回のことは、支店長には伝えます」

「そうか……。よろしく頼みますよ」

川口の返事を聞いて、高島は幾分安心した風だった。

その様子を見つめながら、川口は今日の本題に話題を変えた。

「ところで、社長。御社には、『設備投資計画書』はありますか?」

唐突な問いかけに、高島はとまどい、

「ん……? 何のことですか、それは?」

と素直に答えた。

その反応に川口は、(やっぱり知らないか……)と内心思いながらもそれを顔に出さないように、平静を装って説明を始めた。

「『設備投資計画書』というのはですね、たとえば今回の場合で考えますと、融資の1,000万円と御社の自己資金を足した金額で新しい機械設備を導入した後、どのように工場の生産性が高まり、売上げや資金繰りに寄与するかを計算したものです」

「そんなものは、作ったことないです」

高島は、そっけなく答えた。

「けど、これまで私の勘はいつも当たってきたんですよ。去年も一昨年も、機械を買ったからこそ、お客さんに信頼されて受注に繋がったことは、何度も銀行さんに言ってるはずなんですけどね……」

何を今さら、と思いながらも、高島はぼやく様につぶやいた。

高島の性格を考えると、このままではきっと平行線のままだろう。今日はもう帰った方がよさそうだ、と川口は感じた。

「……わかりました、社長。支店にお客さんが来られる予定がありますので、とりあえず今日は帰ります。……支店長には相談してみますけど、今回の融資はかなり厳しいとお考えください。来月半ばには結果が出ると思いますので、融資の可否に関わらず、こちらからご連絡させて頂きます」

「なんとか、頼みますよ」

「はい。……では失礼します」

と、念のためさきほどの融資の可能性を示唆しつつ、いつも通りの丁寧な口調ながらも、高島のなかなか変わらない交渉姿勢に少々呆れた顔で、応接室を後にした。

関西信用組合の融資担当である川口は、高島印刷ともう3年来のつき合いだ。

金融機関の企業まわりの姿勢が変わってきたものの（※注1）、川口は忙しい中も時間を割いて、これまでと同じくこまめに通い続けてくれるので、高島を始め中小企業にとって有難い融資担当者である。

（注1）金融機関の企業まわりの姿勢の変化

地方銀行や信用組合、信用金庫などは、地域密着型の金融機関として、若手担当者を中心に融資先企業まわりをこまめに行い、地域情報や企業情報収集に努めていた。それがメガバンクに対する地域密着型金融機関の特徴であり、優位性でもあった。

しかし近年、金融機関内部の人員削減等に伴い、担当者が企業まわりをする時間的余裕がなくなり、極端な例では、

「社長。今後は毎月訪問することは難しくなりましたので、何かご用がありましたら支店に来てください」

と言ってのける担当者もいるほどである。

(2) 小田の機転

「川口さん。よかったら駅まで送って行きますよ」

高島印刷を後にしようとすると、背後から不意に声が掛かった。

経営コンサルタントの小田だ。

川口は、張り詰めていた緊張感が一気に溶け、思わず本音が出た。

「ありがとうございます。助かります」

小田は、パート従業員の意識向上と３Ｓ（整理・整頓・清掃）指導のため、月2回、高島印刷を定期的に訪れており、今日たまたま高島印刷に来ていた。パート従業員への本日の指導が終わったこともあり、高島社長と川口とのやりとりを横で聞いていた。

要件が一段落して、一旦会議室から出てきたところに、何とも重苦しい表情をした川口を見かけ、思わず声を掛けたのだった。

川口と小田は同世代ということもあり、比較的気軽に話ができる間柄である。

しばらく車中で雑談を続けていたが、駅まで数百メートルとなった頃、おもむろに小田は尋ねた。

「……ところで、川口さん。そういえば、高島印刷さんの**債務者区分**って、要管理先ですか？　それとも破綻懸念先ですか？」（※注2）

いきなり川口は、悩みの核心を突かれたので一瞬戸惑ったが、小田との間では信頼関係ができていること、高島印刷の現状を何とかしたいと思う気持ちは川口も同じだったこともあって、小田には正直に答えた。

「……高島印刷さんは、ここ数年厳しい財務状況が続いておられるのは、小田さんもご存知ですよね」

「ええ」

「5年前に先代社長が急逝された後、高島社長が経営を引き継がれ、営業・製造など八面《はちめん》六臂《ろっぴ》の活躍で何とかしのいでいらっしゃいますが、業界自体の単価下落の傾向や、近年の原油高に伴うインクや溶剤などの原材料の仕入高の上昇を、そのまま売価に転化しにくいといったことから、ここ数年、ますます経営が苦しくなっておられます」

「そうですね……」

「……実は、財務状況から高島印刷さんを単純に評価すると、**破綻懸念先**なんです」

（注2）債務者区分

債務者区分とは、銀行が貸出取引先（＝銀行側から見ると債務者）を業況・貸出金の返済状況等から財務力・信用力を区分して、取引方針を決定する基準となるもの。債務者区分のランクが高いほど、金利や返済条件などの面で企業側にとっては金融機関との融資交渉が有利となる（図1参照）。

「やはり……」

小田は、予想通りという表情をしながらも、川口の次の言葉を待った。

「……ですが、『パート社員さんの雇用を守ろう』『取引先の期待に応えよう』『そのために設備投資も積極的にやっていこう』という高島社長の経営に対する想いや実行力を私共は高く評価していまして、支店長や本部と協議し、ワンランク上の**要管理先**に留めているんです」

「なるほど」

「実際、要管理先でないと、一昨年や昨年の融資はそもそも無理だったんです」

「そこまでの状況でしたか……」

「ええ。10年前に比べますと、大阪でも多くの印刷会社、特に家族経営的な零細印刷会社がたくさん廃業する中、高島印刷さんは、積極的に設備投資をして頑張っておられるので、当組合でもなんとか踏みとどまって、地域に貢献する企業として存続して頂きたいという想いなんです」

話すうちに熱を帯びていく様子に、川口の「高島印刷を何とかしたい」という強い想いを、小田は強く感じていた。

「……なるほど。ということは、勝ち組にならなくてもいいから、生き残り組になってほしい、といったところでしょうか？」

「そうなんです……」

駅前が渋滞したこともあり、川口は話を続けた。

「今回の1，000万円の融資にしても、高島社長の期待には応えたいのです。ですが、小田さんもご存知の通り、設備投資計画書がないと……」

「そうですよね」

「高島印刷さん内部である程度の設備投資計画書を書いて頂き、それに基づいて具体性と実現性の高い**返済計画書**があれば、当組合としては何とか対応できる可能性も高まるんですが……」

図1　債務者区分の定義と融資との関係図

債務者区分	定義	継続融資可能性	金利
(1) 正常先	業況良好で、かつ財務内容にも格段の問題がない	高	低
(2) 要注意先	貸出条件や返済状況に問題があり、業況が低調または不安定、財務内容に問題があるなど、今後の管理に注意を要する		
(3) 要管理先	要注意先の内、全部または一部の債権が要管理債権となっている		
(4) 破綻懸念先	現状、経営破綻の状況にはないが、経営難の状況にあり、経営改善計画等の進捗状況が芳しくなく、今後、経営破綻に陥る可能性が大きい		
(5) 実質破綻先	法的・形式的な経営破綻の状況にはないが、深刻な経営難の状況にあり、再建の見通しがない状況にあるなど、実質的に経営破綻に陥っている		
(6) 破綻先	破産、会社整理、会社更生、民事再生、手形交換所の取引停止処分等の事由により、経営破綻の事実が発生している	低	高

「そうなんですか」

「『これまで私の勘が当たった』という社長の言葉だけでは、金融庁の金融検査が年々厳しくなる中、我々としてはこれ以上不良債権を増やすこともできず、何とも上に説明のしようがないんです」

「う〜ん」

「以前でしたら我々融資担当者が、社長の代わりに返済計画書を下書きして、社長と十二分にすり合わせをした後、最終化といったことも多くあったんですが……」

「昔はそうでしたよね」

「ここ数年、我々融資担当者も本当に時間の余裕がなくなってきましたし、下書きそのものにも無用に関与することを避けるべしといった流れもあり、下書きのお手伝いすら難しい状況なんですよ」

「そうですか。そこまで……」

「そこのところを、高島社長には十二分にご理解頂きたいと思うのですが……」

（川口さんも大変だろうに、高島印刷を心の底から何とかしたいと思っているんだな）

と小田はつくづく感じていた。

意を決して、小田は川口の方へ向き直り、神妙な表情で口を開いた。

「わかりました。私からも、関西信用組合さんのご事情をしっかりと高島社長にお伝えしておきます」

「ありがとうございます」

川口は、深々と頭を下げた。

少しして、

「あっ、駅に着きました。川口さん、今後とも高島印刷さん、高島社長をよろしくお願いしますね」

笑顔で小田は川口を見送ると、

「はい。できる限り頑張ってみます。駅まで送って頂き、ありがとうございました」

いわば、同志を得たりという心境で、川口も笑顔で挨拶をした。


ここから、本当の戦いが始まる……

（3）金融機関の変化を知らなかった高島社長

「社長、川口さんを駅までお送りしてきました」

川口を送り届けた後、小田はすぐに高島印刷に戻っていた。

「ありがとう。……それにしても、川口さんは最近厳しくなったなぁ。前は何度かお願いしたら資金を融通してくれたけど、今回は、何度お願いしてもラチがあきそうにないなぁ」

川口がいないのをいいことに、高島はやや批判的につぶやいた。

その様子に意を決して、小田は進言した。

「実は、川口さんに話を伺いました。失礼ながら、社長。今のままでは、子供がおもちゃを欲しがっているのと同じです。残念ですが、融資を受けることはできませんよ」

「な、なんだって！」

唐突な小田の言葉に驚いている高島に対して、

「お言葉ですが、『設備資金1，000万円が欲しい欲しい』って、それぱっかりじゃないですか」

と間髪入れずに畳みかけた。

高島は、その勢いに気圧されてしまい、

「しかし、それが必要なんだから」

と返すのが精一杯だった。

その様子を落ちついて眺めながら、

「いいですか。確かに『1,000万円の融資』は必要用件です。以前は、ある程度の担保があれば、社長と融資担当者とのあうんの呼吸で融資を受けることができていました」

小田は話を続けた。

「しかし、最近の金融機関は金融庁の指導内容が変化し、より一層、具体的になってきたこともあり、この会社、いえすべての企業に対して、

『この社長は、業界の動きをしっかりとらえているのか』

『会社の現状をしっかり俯瞰《ふかん》しているのか』

『今後の収支見通しに実現可能性があるのか』

『現在、経営改善についてどのような取組みをしているのか』

そういったことも重要視するようになってきたんです。その上で、

『これまでの融資が貸し倒れにならないか』

『早期に回収したほうがいいのか』

『今回の融資要請に応じてもリスクが小さいか』

を判断するんです（図2参照）」


「……なるほど、そういうことだったのか」

いつの間にか、高島は真剣な表情で小田の話に聞き入っていた。

「……じゃあ、どうすればいいんだ？」

早く答えをよこせとばかりに、食い入るような視線で小田を見つめていた。

「……わかりました。では暫《しばら》くお時間を頂けますか？　今、金融機関がどんな視点で企業を見ているのかお伝えしましょう」

「うん、ひとつ頼むよ。……あっ、ちょっと待て待て。今日の予定をすべてキャンセルしてくるから」


高島は、足早に応接室から姿を消した。

図2　最近の金融機関担当者の心理

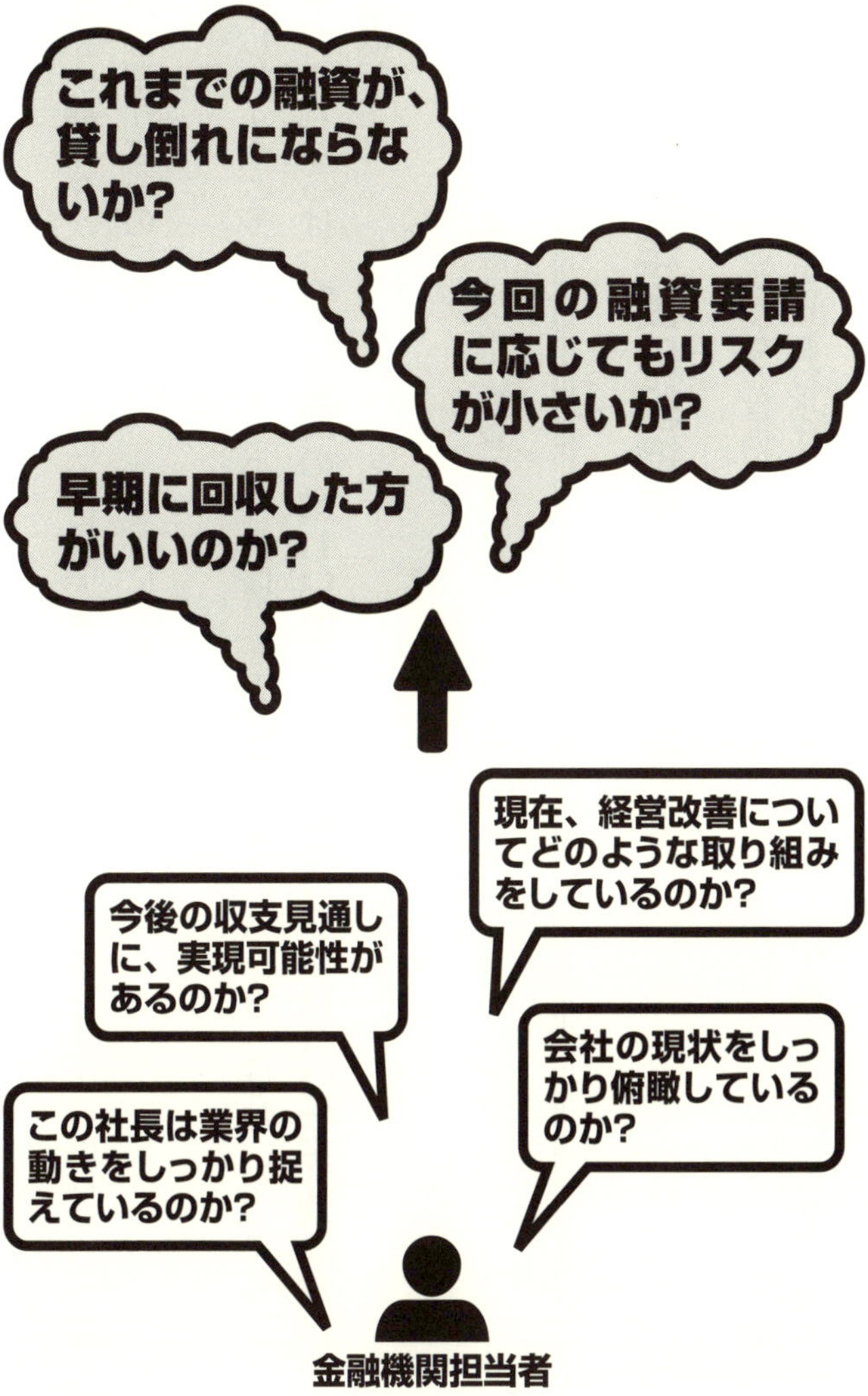
これまでの融資が、貸し倒れにならないか？
今回の融資要請に応じてもリスクが小さいか？
早期に回収した方がいいのか？
現在、経営改善についてどのような取り組みをしているのか？
今後の収支見通しに、実現可能性があるのか？
会社の現状をしっかり俯瞰しているのか？
この社長は業界の動きをしっかり捉えているのか？
金融機関担当者

新しい機械を次々と入れることにしても、『ここだ』と思ったときの行動は早い。彼の勘所は確かなものに違いない。さすがに高島である。

もしかすると多くの中小企業の社長は、高島と同じようなタイプではないだろうか?

ただこれからは、**金融機関の激しい動きについて行かなければ生き残れない**のも事実だ。

次章からは、金融機関の融資判断について、詳しくみていきましょう。

コラム　十年後の組織図を書いてみる

インターネットの普及など世の中が大きく変化する中、10年後の御社は今と比べ、サービス内容や商品の品揃えはあまり変わりばえしないかもしれません。取引先もあまり変化しないかもしれません。

しかし確実に言えること。それは、経営者を含め、全員、10歳年をとることです。

マンネリ化した企業では、今日明日のお客様対応はとても上手でも、5年後もしくは10年後を考えた一手を打つことからは逃げてしまいがちです。

仮に10年後、経営者は、そのときでも若々しいとします（もちろん努力が必要です）。ですが、特に中小企業でありがちなケースとして、

・実質的に会社のおカネを握っている、経営者の奥様

・先代のときから働いてもらっている工場長

これらの方々は、どうでしょう。10年後には、かなり高齢のハズです。

10年後の組織図を、そのときの皆さんの年齢を入れて、一度ホワイトボードに書いてみましょう。

また書きながら、

・経営者としての会計の勉強は、十分か（細かな経理処理は事務員さんに任せたとしても、貸借対照表や損益計算書といった財務という視点ではどうでしょう）

・生産現場のノウハウは、次代のリーダーの頭と文章に、しっかりと残っているか

・取引先は、どうなっているか

といった点も考慮すると、さらに具体的に将来の御社の姿が見えてきます。

「う～ん……どうしよう」

と、うなり始めるかもしれません。

しかし、これは大事なスタートだと思ってください。

これまで、あえて直視していなかったことを**現実的《リアル》に考える**ことから、全ては始まるのです。

第2章

金融機関の
具体的な
融資判断基準
とは

（1）決算報告書は過去しか表さない、と言うが……

冒頭の例を振り返って見ます。

あなたの二人の知人がそれぞれ「10万円貸してほしい」と言ってきた、という話です。

・友人Aさん＝「これまでと同じように一生懸命働いて、しっかり返す」

・友人Bさん＝「アルバイト収入が毎月10万円あり、その内1万円を返済に充て、計算上は10ヶ月ちょうどで返済できるが、余裕をみて15ヶ月で返済する」

あなたはどちらに10万円貸しますか、ということでした。

貸し手の立場に立てば、明確です。

より確実な返済を期待するなら、Bさんに貸しますよね。

ところで、中小企業の社長の中にはAさんと同様に、

「一生懸命働いて、しっかり返す。これまでと同じように返済は大丈夫」

と金融機関に言う社長が多くいます。

しかしそれでは、金融機関は融資してくれません。

なぜなら、次の「(2) 債務者区分ですべてが決まる」でご説明するように、金融機関からの融資を受けるには、企業の将来を具体的に示す必要があるからです。

では、

企業の将来を具体的に示すにはどうすればよいのか？

ということを考える訳ですが、従来企業が作成する**決算報告書は、過去しか表さないと申し上げました。**

では、決算報告書は全く必要がないかというと、そんなことはありません。

将来を考える上で、今に至るまでの軌跡を再確認するのにはとても重要です。

たとえば、過去の5期分の売上や原価、販管費などの増減の原因（経済の動向や顧客ニーズの変化など）について、初めて御社を担当する金融機関の融資担当者でもわかりやすい言葉で文章化する必要があるからです（図1参照）。

過去の決算報告書の変動要因を客観視できない経営者に対して、金融機関が信用をおくはずがありません。これは**現状分析の基本中のキホン**です。

こうした点を確認することにより、あなたのこれまでと今の状況が見えてきましたね。

いわゆる**足場固め**です。

では、いよいよあなたの会社の将来を見通すために、具体的に金融機関が融資の判断をどの点に置いているのかを見ていきたいと思います。

金融機関は、企業の今後の返済能力を知りたがっています。そのためには、企業の将来を具体的に示さなければ融資の可能性は高まりません。

図1　過去の5期分の売り上げや原価、販管費の推移と増減の例

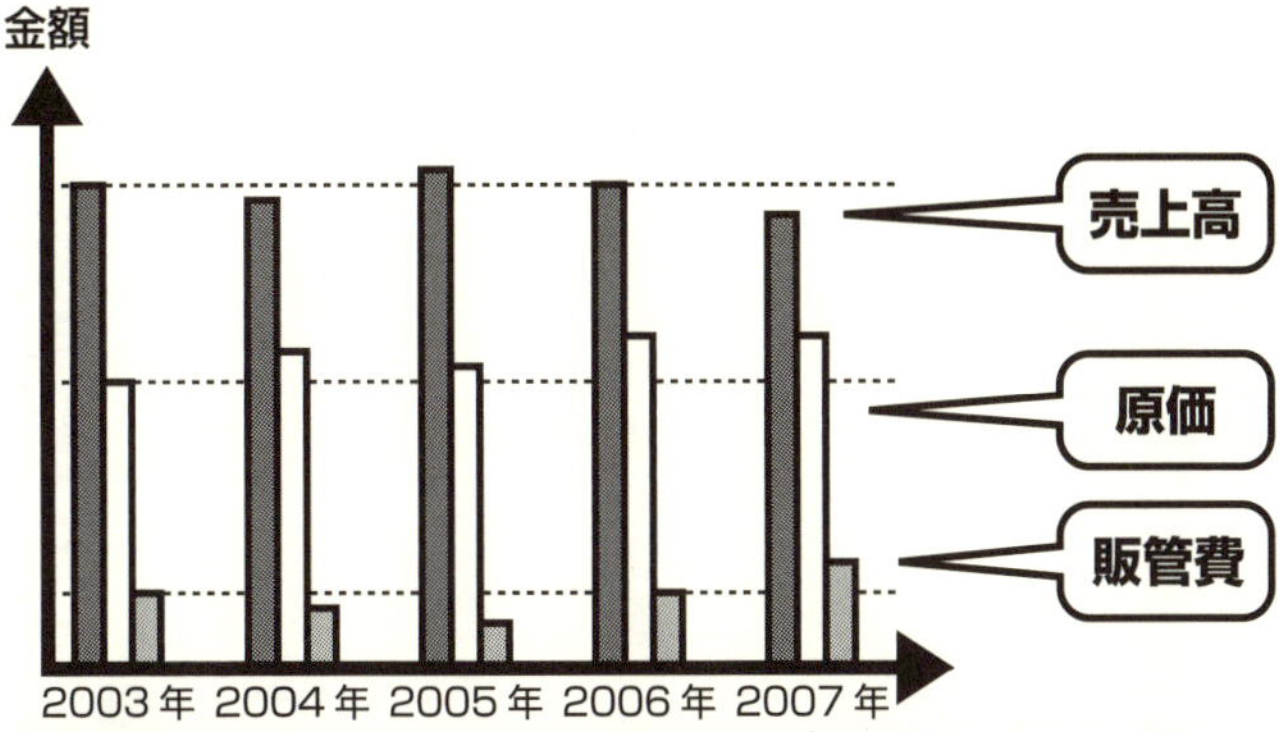
金額
売上高
原価
販管費
2003年
2004年
2005年
2006年
2007年

変動要因
・売上高（5年前より約5%減）
・原価（5年前より約4%増。売上高対原価率で約10%増）
・販管費（5年前より約2%増）

point
自分の会社を客観視できているか？
○○株式会社

(2) 債務者区分ですべてが決まる
～金融検査マニュアルってご存知ですか!?

金融庁は、各金融機関が不良債権化を防ぐために融資先を自行都合で勝手に判断したり不当に評価しないよう、融資先に対する判断基準を公表しています。

その判断基準が、**金融検査マニュアル**です。

金融検査マニュアルの内、中小企業に関する金融検査マニュアルが、**金融検査マニュアル別冊〔中小企業融資編〕**です。

金融検査マニュアル別冊〔中小企業融資編〕、なかなか耳慣れない言葉ですので、分解してみます。

この「金融検査マニュアル」に基づき、各金融機関は、融資先企業の信用格付けを行っています（図2参照）。

また、最近、**リレーションシップバンキング**、略して**リレバン**という言葉をよく聞きます。これは、**地域密着型金融**という意味です。

平成15年3月、リレーションシップバンキングの機能強化に関するアクションプログラ

図2　「金融審査マニュアル」の言葉の定義と流れ

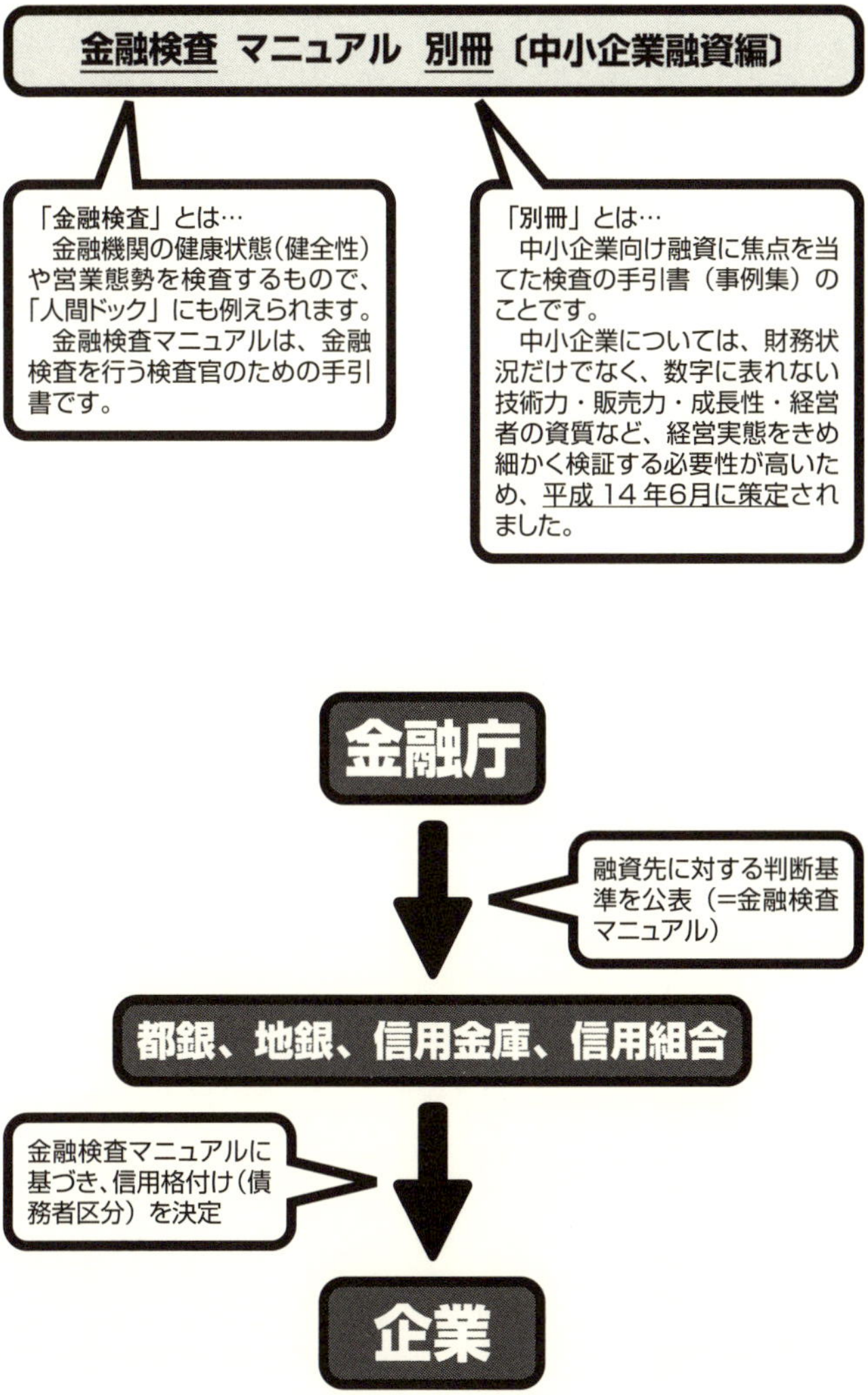
金融検査　マニュアル　別冊〔中小企業融資編〕
「金融検査」とは…
金融機関の健康状態（健全性）や営業態勢を検査するもので、「人間ドック」にも例えられます。
金融検査マニュアルは、金融検査を行う検査官のための手引書です。
「別冊」とは…
中小企業向け融資に焦点を当てた検査の手引書（事例集）のことです。
中小企業については、財務状況だけでなく、数字に表れない技術力・販売力・成長性・経営者の資質など、経営実態をきめ細かく検証する必要性が高いため、平成 14 年6月に策定されました。
金融庁
融資先に対する判断基準を公表（=金融検査マニュアル）
都銀、地銀、信用金庫、信用組合
金融検査マニュアルに基づき、信用格付け（債務者区分）を決定
企業

ムを金融庁が策定しました。

これを、**リレバンⅠ**と呼んでいます。

リレバンⅠでは、平成15年から16年度の2年間（集中改善期間）に、リレーションシップバンキングの機能強化を確実に図るとしました。

具体的には、
・取引先企業に対する経営相談・支援機能の強化
・資産査定、信用リスク管理の厳格化
などです（図3参照）。

さらに、平成16年2月、各金融機関のみならず、借り手、すなわち企業側からも幅広く意見を聞き改訂されました。

この改訂版では、
・金融機関による中小企業との密度の高いコミュニケーションや中小企業への積極的な働きかけといった「**債務者との意思疎通**」
・貸借対照表や損益計算書といった決算報告書に加え、より実態的な資金繰りの状況をつかむため、「**キャッシュフロー計算書の作成**」

図3　金融検査マニュアル別冊〔中小企業融資編〕の変遷①

平成15年3月：リレバンI

取引先企業に対する経営相談

支援機能の強化

資産査定、信用リスク管理の厳格化

↓

平成16年2月：内容改訂

債務者との意志疎通

キャッシュフロー計算書の作成

経営者の資質

・経営者の経営改善に対する取組み姿勢や財務諸表など計算書類の質の向上への取組み状況、人材育成への取組み姿勢などの「**経営者の資質**」

などを検証ポイントとして勘案することになりました（図3参照）。

その後、平成17年3月にこのリレバンⅠに対して金融庁は自己評価を行い、ホームページで内容を公開しました。

評価できる点としては、

・金融機関が地域において、自ら果たす役割を再認識

・融資姿勢や支援に向けた取組み状況の改善

などを挙げ、不十分な点としては、

・金融機関の計画が総花的

・取組み姿勢や実績にバラツキ

・事業再生への取組みや目利き能力等が依然として不十分

などを挙げています。

そしてこのときの評価を受け、新アクションプログラム、略して**リレバンⅡ**が策定さ

図4　金融検査マニュアル別冊〔中小企業融資編〕の変遷②

リレバンⅠ

↓

平成17年3月　アクションプログラムの評価

評価できる点
- 金融機関の地域における自らの役割を再認識
- 融資姿勢や支援に向けた取組み状況の改善

不十分な点
- 金融機関の計画が総花的
- 取組み姿勢・実績にバラツキ
- 事業再生への取組み、目利き能力等が依然として不十分

↓

（平成17～18年度）新アクションプログラム
=リレバンⅡ

2年間に、地域密着型金融の一層の推進
◎取引先企業に対する経営相談・支援機能の強化
◎事業再生に向けた積極的取組み
◎担保・保証に過度に依存しない融資の推進

- 企業の将来性や技術力を的確に評価するための取組みの強化
- 貸し出し後の業況把握の徹底

れ、平成17年から18年度の2年間に、
・取引先企業に対する経営相談や支援機能の強化
・事業再生に向けた積極的取組み
・担保や保証に過度に依存しない融資の推進
といった地域密着型金融の一層の推進を図ることになりました。
なお、「担保や保証に過度に依存しない融資の推進」とは、
・企業の将来性や技術力を的確に評価するための取組みの強化
・貸し出し後の業況把握の徹底
といったことを意味しています。（図4参照）
さらに、平成19年度以降、金融庁は地域密着型金融を今後も推進していくとしています（図5参照）。

このように、地域金融機関は、自らの不良債権処理を進めるため、そして金融機関本来の融資機能を正しく取り戻すため、融資先企業の経営支援にさらに力を入れており、その具体的な行動として、経営改善支援の取組み先数や再生計画策定先数、ランクアップ先数

図5　地域密着型金融の取組みについての評価と今後の対応について

地域密着型金融の取組みについての評価と今後の対応について

（平成19年4月5日）

～金融庁ホームページより（抜粋）～

金融審議会金融分科会

■地域密着型金融は、中小・地域金融機関（地域銀行、信用金庫、信用組合のこと）が引き続き取組みを進めていくべき

■今後は、「緊急時対応」として始まったアクションプログラムという時限的な枠組みではなく、通常の監督行政の言わば恒久的な枠組みの中で推進すべき段階に移行していく

■ライフサイクルに応じた取引先企業の支援強化（中小企業の様々な成長段階にあわせた審査・支援機能の強化）

1）事業再生
企業価値が保たれているうちの早期再生と、再生後の持続可能性ある事業再構築である。（中略）真の再生に結びつく事業再生計画の策定が重要である。

2）創業・新事業支援

3）経営改善支援
財務内容改善の議論に終始することなく、一歩踏み出して経営全体のニーズに対応する関係を構築していくことになる。

4）事業承継
地域企業の第4のライフステージとして明示的に位置づけ、支援。

■目利き機能の向上をはじめ事業価値を見極める融資＝不動産担保・個人保証に過度に依存しない融資の徹底

■各金融機関の行っている具体的な取組みやその進捗状況に加え、経営改善支援の取組み先数、再生計画策定先数、ランクアップ先数、（中略）については開示を要請

などの公開が求められています。

それでは、いよいよ金融検査マニュアル別冊〔中小企業融資編〕を見てみましょう。金融検査マニュアル別冊〔中小企業融資編〕は、金融庁のホームページで全文ダウンロードできます（図6参照）。

http://www.fsa.go.jp/manual/manualj/manual_yokin/bessatu/kensa01.html

この「金融検査マニュアル別冊〔中小企業融資編〕」は、全部で76ページあり、
1．はじめに
2．検証ポイント
3．検証ポイントに関する運用例
という構成になっています。

「3．検証ポイントに関する運用例」では、27の事例を挙げており、より具体的な債務者区分の考え方や判断基準を提供しています（詳細は、巻末資料参照）。

ここでは特に、事例11「収支計画の具体性及び実現可能性について」を紹介します。

図6　金融庁のホームページ
（金融検査マニュアル別冊〔中小企業融資編〕）

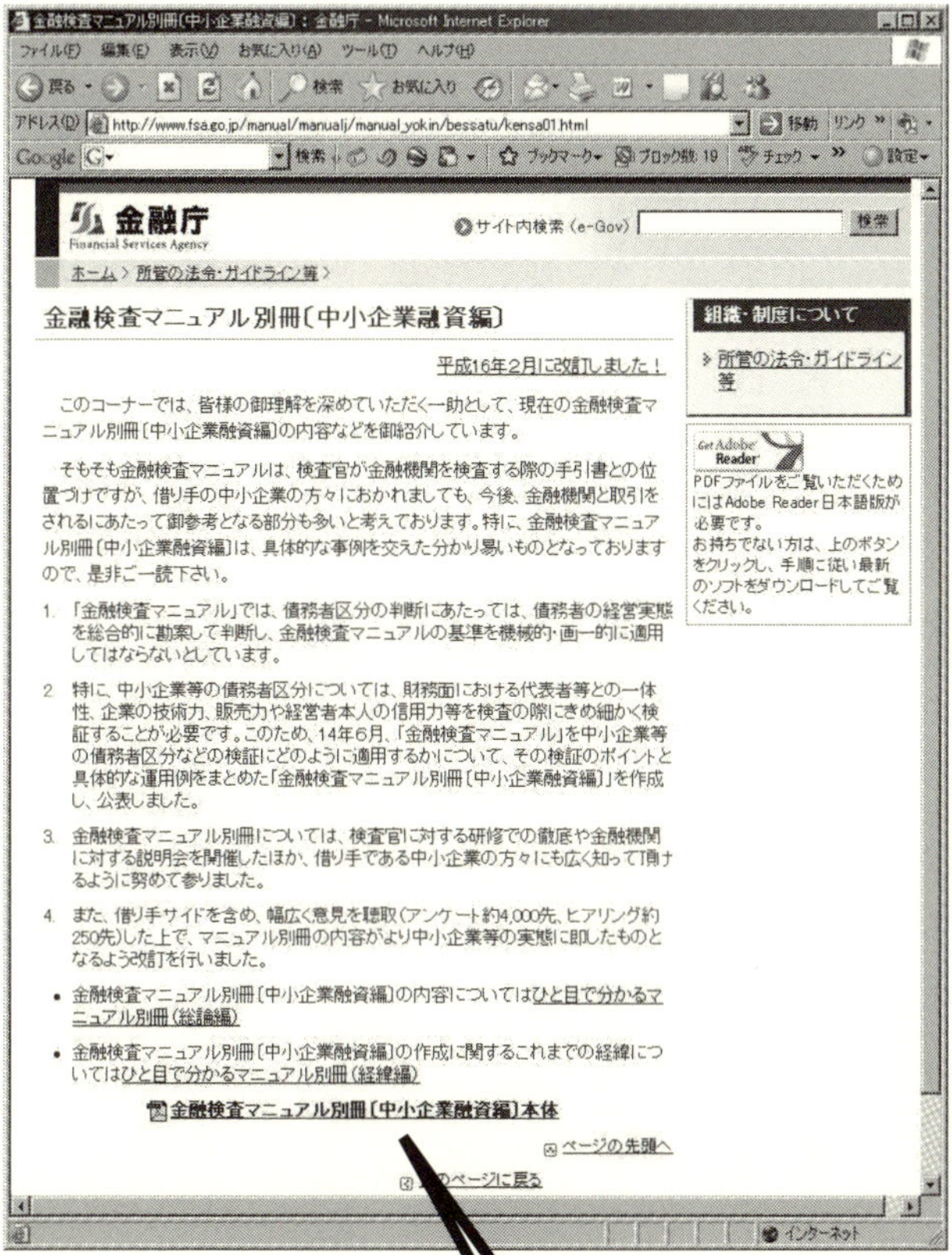

マニュアル（全76ページ）を見るには、ここをクリック

事例はラーメン専門店ですが、他の事例と同様、業種に依存する内容ではありません。経営改善計画書作成およびその実行の重要性に着目してください。

◎事例11「収支計画の具体性及び実現可能性について」

■概況

債務者は、当信金メイン先（シェア80%、与信額=平成13年8月決算期50百万円）

県内に3店舗を有するラーメン専門店

■業況

過去いずれの店舗も立地条件がよく業況も順調であったが、4年前に各店舗の同一営業圏内に競合店が相次ぎ出店、2店舗の業績が急速に悪化。連続赤字を計上し、2期前から債務超過に陥っている。

当金庫は、開業資金や改装資金に応需しているが、前期に業績の悪化から約定返済が困難となったとして、債務者から貸出金について返済条件の緩和（元本返済猶予）の申出を受けた。

これに対し、当金庫は今後の収支計画の策定及び提出を求め、代表者は店舗改装、新メニューの追加等による黒字化を折りこんだ収支計画を策定、提出した（計画では3年後に約定返済開始予定）。

現状、計画開始から1年が経過しようとしているが、代表者の地道な努力により業績は計画比8割以上の実績で推移し、赤字幅は縮小傾向にあるが、依然として債務超過は多額なものとなっている。

現状、法人預金の取り崩し、経費削減等により資金繰りを繰り回している。

■自己査定

当金庫は、現状、計画比8割以上の実績で推移していることを踏まえ、要注意先としている。

（検証ポイント）

収支計画の具体性及び実現可能性について

（解説）

1．売上減少により連続して赤字を計上し、大幅な債務超過に陥っている債務者については、一般的には、当該債務者の財務内容からは返済能力は認められず、今後、業況回復の可能性が低いと認められるのであれば、経営破綻に陥る可能性が大きい状況にあると考えられ、破綻懸念先の債務者区分に相当する場合が多いと考えられる。

しかしながら、金融機関等の支援を前提として策定された経営改善計画等が合理的で、実現可能性が高いと判断される場合には、要注意先に相当する可能性が高いと考えられる。

また、中小・零細企業等については、大企業の場合と同様な大部で精緻な経営改善計画等を策定できない場合があり、その場合であっても、当該計画に代えて今後の業況の改善等の可能性を検討できる資料があれば、それに基づいて債務者区分の判断を行うことができると考えられる。

2．本事例の場合、債務者は４期連続で赤字、大幅な債務超過に陥っている。返済についても元本返済猶予の条件緩和を実施している状況にあることから、今後、返済能力の改善が見こめないならば、破綻懸念先に相当する可能性が高いと考えられる。

しかしながら、条件緩和の申出時に作成した収支計画に基づいて経営改善に努め、１年を経過した時点で計画比８割以上の実績で推移し、２年後には約定弁済が見こまれるなど業況の改善がほぼ計画に沿って進捗していると認められる場合には、要注意先に相当する可能性が高いと考えられる。

3．なお、債務者によっては金融機関が債務者からのヒアリング等により、経営指導計画書等を作成している場合がある。その際は、その内容について債務者が同意していることに加え、また、再建の時期は明確か、過去の実績を無視した売上・経費削減等の計画となっていないか、借入金の返済計画は妥当かなどについて、これまでの経営実績、今後の収支見込み等を踏まえ、検討する必要がある。

この事例の企業は、経営改善計画書の計画開始から約1年たちますが、「業績は計画比8割以上の実績で推移」、つまり計画を下回る実績であり「赤字幅は縮小傾向にあるが、依然として債務超過は多額」です。

したがって、連続して赤字を計上し、大幅な債務超過に陥っているため、財務状況から判断すると「**破綻懸念先**」に相当します。

しかし、具体的な支援内容は不明ですが、金融機関の支援を前提として策定された経営改善計画書の実現可能性が高いため、「破綻懸念先」より上の「**要注意先**」と判断しています（図7参照）。

つまり、**経営改善計画書の計画を完全には実現できていないが、8割以上は達成しており、また金融機関の支援を前提とした経営改善計画書の実現可能性が高いため今後に期待し、債務者区分のランクを実態よりひとつ上げた**、ということです。

「なるほど……。最近、金融機関が『事業計画書を書いていますか？』『社長、御社くらいの規模の会社でも事業計画書を書くところが増えてきましたよ』『御社もそろそろ書いたらどうですか』と言われることが多くなった理由がようやくわかった」

と、高島は納得した様だった。

小田は、

「そうなんです。さらにこの頃『御社の債務者区分は要注意先です。この債務者区分のままでは融資は難しいです』とはっきりと企業経営者に伝える金融機関も増えてきています。円滑な融資実行のためには、企業側も仕入れや生産、販売といった通常の経営活動だけで

図7　債務者区分のランクアップイメージ

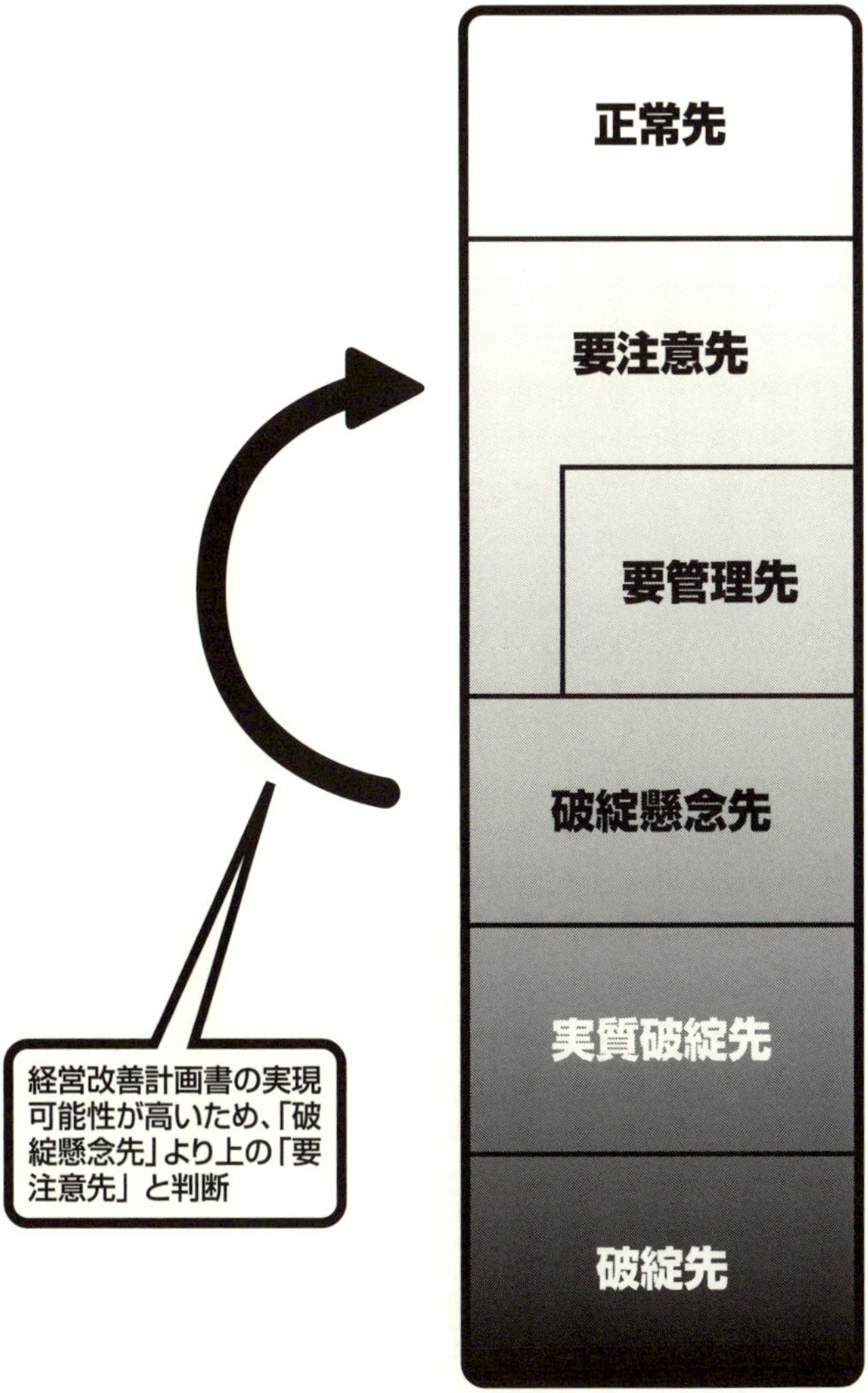
正常先
要注意先
要管理先
破綻懸念先
実質破綻先
破綻先
経営改善計画書の実現可能性が高いため、「破綻懸念先」より上の「要注意先」と判断なく、金融機関がどのように評価しているのかを知って、具体的な行動に移していくことが求められているんです」

と言葉を加えた。

「なるほどなぁ……。ま、でも、その面倒くさそうな事業計画書とやらを書けば、融資を受けやすくなるんですよね。これで金融機関対策はバッチリでしょう」

「いえ。まだ、これでは不十分です。続きをご覧になってください」

（3）信用格付けは、定量7割、定性3割 ～中小企業だからこそ工夫できる

各金融機関は、さきほど取り上げた「金融検査マニュアル」をもとに一般には公表していませんが、金融機関独自の「評価表」を使い、融資先企業の信用格付けを行っています。

この評価表では、企業から提出された決算報告書から単純算出される**定量評価**と、決算報告書からではわからない経営者の資質といった**定性評価**に分けて評価し、総合的に企業を目利きしています（図8参照）。

たとえば、御社の取引金融機関が、100点満点中、定量評価に70点、定性評価に30点

図8　定量評価と定性評価の例

定量評価

収益性	総資本経常利益率	点
	売上高対経常利益率	点
	棚卸資産回転期間	点
	…	点
生産性	従業員一人当たり売上高	点
	従業員一人当たり粗付加価値額	点
	従業員一人当たり人件費	点
	…	点
安全性	当座比率	点
	流動比率	点
	自己資本比率	点
	…	点
成長性	売上高伸び率	点
	営業利益伸び率	点
	経常利益伸び率	点
	…	点
返済能力	債務償還年数	点
合計		点

定性評価

経営者の資質	経営理念、経営方針の有無	点
	コミュニケーション能力	点
	…	点
経営改善計画	作成有無	点
	達成状況	点
	…	点
合計		点

割りあてており、企業評価の結果、御社が定量評価で35点、定性評価で23点、合計58点だったとすると、信用格付け表では図9のようになります。

この表に従いますと、格付けは「9」、債務者区分は「要注意先」、取引方針は「現状維持」ということですので、追加融資の可能性は低いですが次回の評価までに何とかしてあと2点上げて評点を60点にすれば、債務者区分が正常先となり、取引方針として取引拡大となる可能性が高まるということが読みとれる訳です（※注3）。

なお、ここで注意したいのは、あくまでも取引拡大となる「**可能性が高まる**」ということであり、正常先にとなったから即、追加融資を受けることができるわけではありません。

しかしながら、これまで書いたことがなかった経営改善計画書を初めて書いたり、経営理念を新たに策定したりすることで、過去の決算が悪くても、評価が上がる可能性があるということは、しっかり覚えておいてください。

（注3）「信用格付け」と「債務者区分」の違い

信用格付けは、金融機関が融資に関する信用リスクを管理するために独自に行うものであり、多くの金融機

図9　信用格付け表の例

信用格付け表

評点	格付	債務者区分	取引方針
95〜100	格付1	正常先	取引拡大
90〜94	格付2		
……			
……			
……			
50〜59	格付9	要注意先	現状維持
40〜49	格付10	要管理先	消極取引
30〜39	格付11	破綻懸念先	
30未満	格付12	実質破綻先	回収

評価表

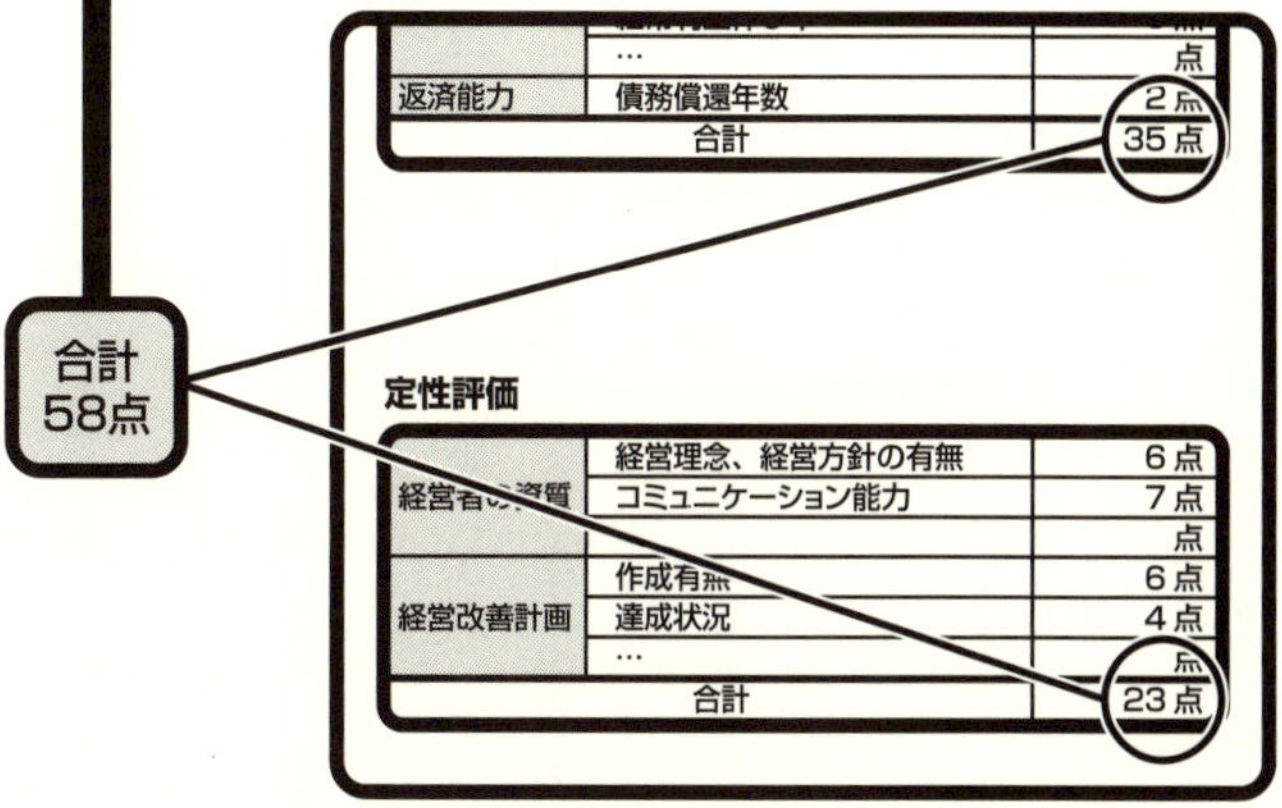
…
点
返済能力
債務償還年数
2点
合計
35点
合計
58点
定性評価
経営理念、経営方針の有無
6点
経営者の資質
コミュニケーション能力
7点
点
作成有無
6点
経営改善計画
達成状況
4点
…
点
合計
23点

関が10から15段階に区分しています。
一方債務者区分は、金融庁が各金融機関に求める自己査定のために行うものであり、要管理先を含め正常先から破綻先までの6段階に区分しています（29ページ参照）。

こうした評価の仕組みが、先に書いたリレバンⅡの「担保・保証に過度に依存しない融資の推進」ということです（50ページ参照）。

ところで、例として「御社のメインバンクが、100点満点中、定量評価に70点、定性評価に30点割りあてており」と書きましたが、主に大手企業を相手とするような大手金融機関は、100点満点中、決算報告書を中心とした定量評価がほとんどで、経営者の資質などの定性評価はわずかであり（ほぼゼロともいわれます）、中小企業にとって身近な信用組合、信用金庫といった金融機関になるほど、定量評価の割合が低くなり、定性評価の割合が高くなるといわれています（図10参照）。

図 10　定量評価と定性評価の割合

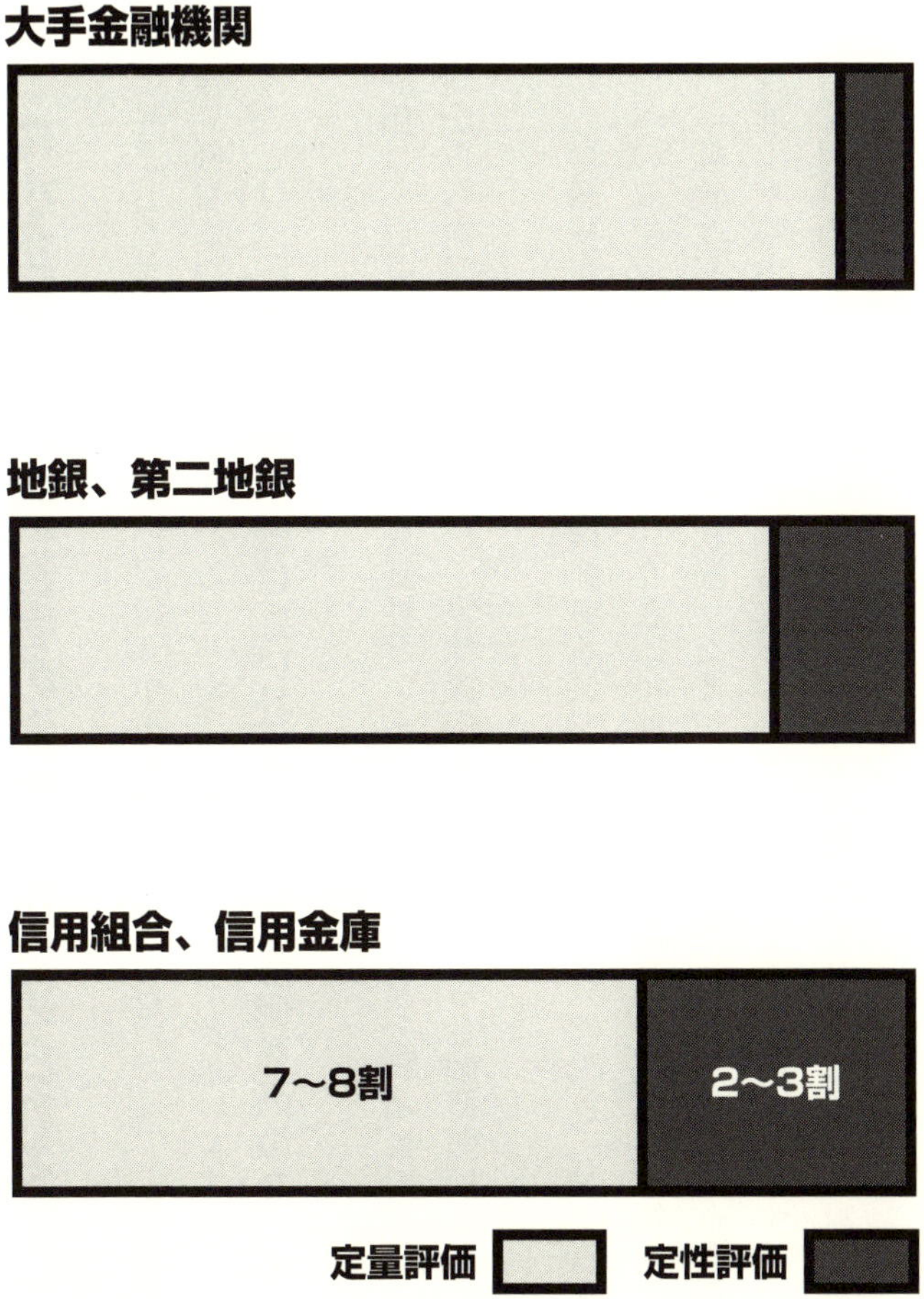
大手金融機関
地銀、第二地銀
信用組合、信用金庫
7～8割
2～3割
定量評価
定性評価

point

◎中小企業にとって身近な信用組合や信用金庫は、定性評価の割合が大きい!

（4）中小企業では「経営者の資質」が求められる

前項で見ましたように、金融機関が行う中小企業の評価においては、定量評価だけでなく、定性評価もかなりの割合を占めることが、ご理解できたかと思います。

ということは、**円滑な融資を受けたい社長は、定性評価を高めない手はありません。**

定量評価は、収益性や安全性、成長性といった一般的な財務分析項目で評価されますので企業側からも推測しやすいですが、定性評価を公表している金融機関は私が知る限りありません。

しかし、金融検査マニュアルの検証ポイントに「経営者の経営改善に対する取組み姿勢、人材育成への取組み状況、後継者の存在（中略）等の経営者の資質」や「経営改善計画等の策定」、「経営改善計画等の進捗状況」などが挙げられていること、また企業再生案件に詳しい税理士や中小企業診断士に依頼することで、入手することが可能です。

次に示す図11の定性評価の例を参考に、何か取り組めることがないか検討してみましょう。

図 11　定性評価の例

●経営者能力
□経営者の健康状態
□社内外の信頼
□リーダーシップの有無
□経営理念や経営方針が明確か
□事業拡大、収益向上の意欲
□後継者育成に配慮しているか（現経営者が 55 歳以上の場合）

●社内環境
□従業員の接客態度、電話応対は良好か
□法令、規則などを遵守しているか
□リスク回避のため、適切な保険に加入しているか

●銀行取引
□毎期の決算書を、積極的に銀行に提出しているか
□業界動向や同業者の動きを、客観的に説明しているか
□金融機関の信用情報の把握に協力し、必要な税務申告の付属明細書などを提出しているか

●経営計画
□業界特性や動向などの現状分析を踏まえた、今後の売上予測となっているか
□部門別、商品別の計画となっているか
□赤字の要因分析ができているか（直前決算が赤字の場合）
□計画と実績の差異分析を行っているか
□四半期ごと（もしくは適切な期間ごと）に、今後の対策を検討し、明文化しているか
□金融機関と相談して作成した経営（改善）計画か

これにより、金融機関の評価方法については大まかに把握されたかと思いますが、その対策につきましては、次章以降に詳しく述べたいと思います。

この章の後半部分は、保証付き融資と、新たな信用格付けについて述べていきます。どうぞご参考までに、一読ください。

（5）金融機関の審査がさらに厳しくなってきた ～責任共有制度の導入

中小企業が金融機関から事業資金の融資を受ける際、資金調達を円滑にするために、信用保証協会が公的な保証人となる**保証付き融資**についてはご存知かと思いますが、これまでは原則として、融資額の１００％を信用保証協会が保証していました。

しかし、２００７年10月から「**責任共有制度**」の導入により、信用保証協会が80％、金融機関が20％の割合で責任を共有することになりました（図12参照）。

つまり、これまでの信用保証制度のもとでは、金融機関は融資において貸し倒れリスクがゼロでしたが、これからは20％とはいえ金融機関も負担することになりましたので、金

図 12　責任共有制度の仕組みと負担割合の変化

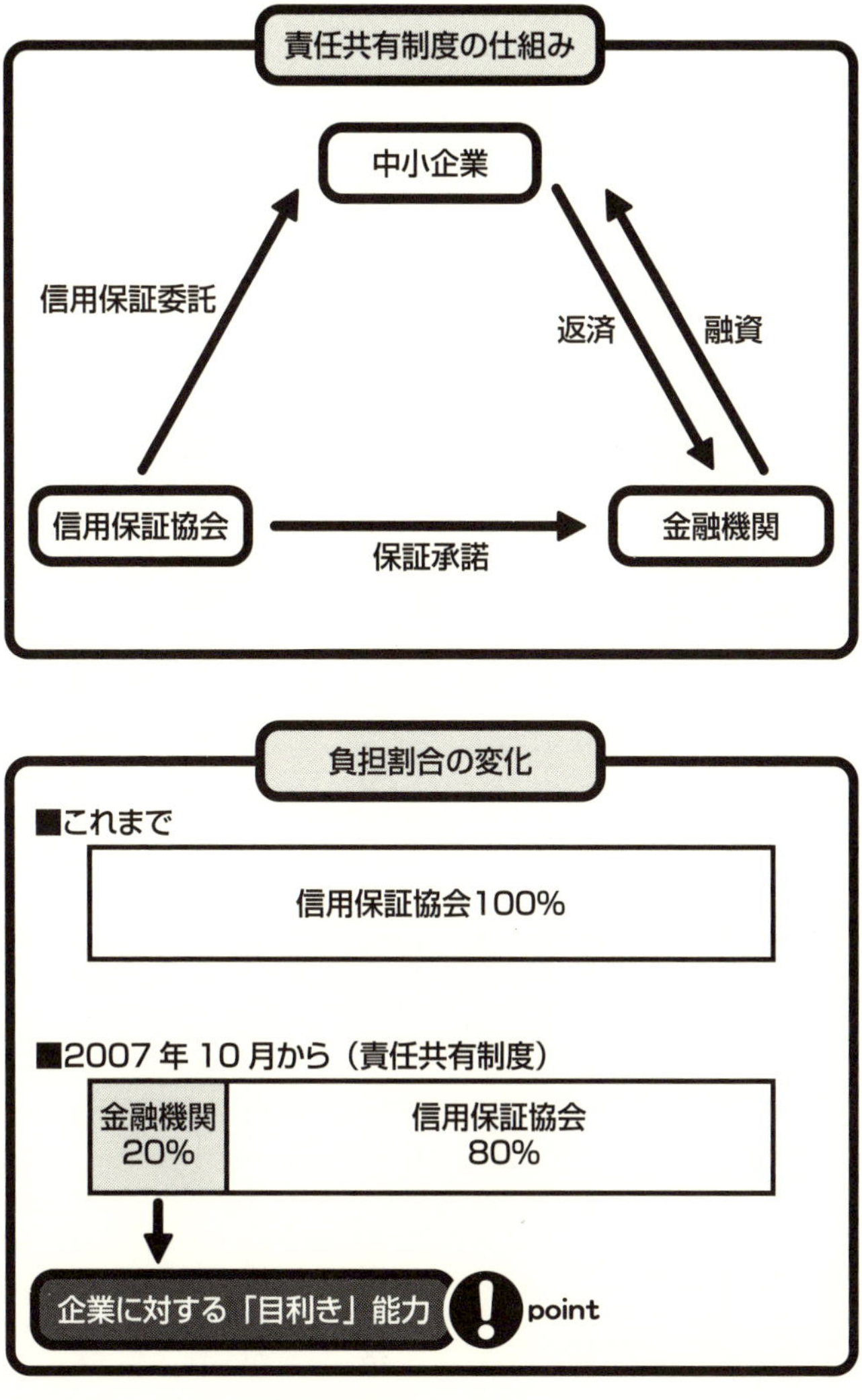
責任共有制度の仕組み
中小企業
信用保証委託
返済
融資
信用保証協会
保証承諾
金融機関
負担割合の変化
■これまで
信用保証協会100%
■2007 年 10 月から（責任共有制度）
金融機関
20%
信用保証協会
80%
企業に対する「目利き」能力
point

融機関の審査や融資条件は厳しくなってきたといえます。

このような傾向は、最近著者宛に地域金融機関等で「中小企業の目利き」といったテーマの講演依頼が増えてきていることからも、感じています。

ただし、**小口零細企業保証制度**や**経営安定関連保険**（セーフティーネット）1号から6号、災害関係保険に係わる保証等の保証制度については、当分の間100％保証が維持されることになっています。

なお、保証付き融資を利用するにあたっての保証申込み手続き、融資を受けた後の返済等は、これまでの取扱と基本的には変更がありません。

「責任共有制度」導入のポイントはまとめると、次のようになります。

①保証料は原則として現行よりも安くなる

責任共有制度の対象となる保証については、借入金額に対する信用リスクの20％を金融機関が負担することになりましたので、融資申込みの際に借り入れ企業が負担する保証料は、原則として現行に比べて安くなりました。

②責任共有制度の対象外となる融資制度がある

原則として、すべての信用保証制度が責任共有制度の対象となりますが、次の制度は責任共有制度の対象外となります（地域により異なります）。

【既存制度】

→小規模事業資金のうち無担保・無保証人扱いの場合

→経営安定資金のうち特別小口保険扱いの場合

→セーフティネット保証（1号から6号）を利用する場合

【新設制度（2007年10月1日より）】

→小口零細対応資金

③制度融資の利用手続に変更はない

責任共有制度の導入により、事業者の借入額に対する信用リスクの20％の責任を金融機関が分担することになりましたが、具体的には、「**部分保証方式**」と「**負担金方式**」の2つがあります（図13参照）。

融資申し込みの金融機関がどちらの方式を選択していても、信用保証を利用する際の手続きは今までと同様です。

④「負担金方式」と「部分保証方式」で保証料に違いはない

融資を申し込んだ金融機関が「負担金方式」または「部分保証方式」のいずれであっても、信用保証を利用する際に借り入れ企業が負担する保証料に違いはありません。

このように、責任共有制度の導入に伴い、金融機関の融資審査がさらに厳しくなってきたといえます。

一方、**実現可能かつ具体的な経営改善計画を提出する企業には、より有利な融資を実行する金融機関が増えてきています。**

「そうか。金融機関も大変なんだな」

高島は、同情するように感想を述べた。

「ええ。最近、私に対して保証協会や地銀、信金などいろいろな金融機関から、融資担当

図 13　金融機関の責任分担方式の比較

	部分保証方式	負担金方式
	金融機関が行う融資額の一定割合を信用保証協会が保証する方式	金融機関が利用実績に応じた負担金を支払うことで部分保証方式と同等の責任を分担する方式。金融機関には信用保証の利用状況に応じて部分保証方式と同等の負担が生じる
保証時	保証80% 非保証20%	保証100%
代位弁済時	代位弁済額80% 代位弁済なし	代位弁済額100% （内、金融機関負担20%）

職員向けの目利き研修講師の依頼が来ることが増えていますが、彼らも、企業の実態をより正確かつ具体的に知りたいと切実に考え、勉強しているんです」

「なるほど……」

「……ところで社長。実は最後に耳寄りな方法があるんです」

「ほう。それは何だい？」

「実は、格付け機関を利用するという方法なのですが……」

「ああ。今までにも、特に海外の投資家を意識するような大企業は利用していたよね？」

「ええ。しかしながら最近は、海外や国内から『投資を募る』目的ではなく、比較的、知名度が高くない生産財メーカーや卸売業などの中小規模の企業も、『取引先や採用などを意識して』利用し始めているんですよ」

「ふ～ん。……ということは、それなりにメリットが？」

「ええ、あるようです」

「そうか、ではもっと詳しく知りたいな」

「では、次へ進みましょう」

「うん、わかりました。疲れてきたけどもうひとガンバリします」

（6）中小企業向けの信用格付けが登場してきた

大手金融機関や地方銀行など21社が出資して２０００年に設立した、日本リスク・データ・バンク株式会社という信用格付け会社があります。

同社は、２００３年には、大手企業の格付けとして世界的にも名高いスタンダード・アンド・プアーズ（Ｓ＆Ｐ）社（※注４）と共同開発した、**中小企業評価モデル「中小企業クレジット・モデル」**を発表し、さらに２００５年には、Ｓ＆Ｐ社との共同事業として、**「日本ＳＭＥ（※注５）格付け」**のサービスを開始しました。

（注4）スタンダード・アンド・プアーズ（S&P）

中立公平な立場から、世界の金融市場における格付け情報や金融情報、リスク分析情報を提供している。世界の主要株式指標であるＳ＆Ｐ５００、日本の投資指標となるＳ＆Ｐ　Ｊａｐａｎ５００など、多くの金融情報を提供

（注5）ＳＭＥ

Small and Medium sized Enterprise の略。〝中小企業〟の一般的な英訳

S&P社ホームページによると、2007年8月時点で、年商10億円から110億円規模の国内中小企業64社の信用格付けを行っており、中小企業が自主的かつ積極的に信用格付けを取得するようになってきました。

これまで格付けとは無縁と思われていた中小企業が信用格付けを取得する背景としては、大手企業と比べて企業情報の格差があります。

大手の中で、テレビや新聞、インターネットなどのメディアを通じて、一般消費者もその動きを知る機会がたくさんある企業、たとえばシャンプーや食品、車などの消費財を販売・製造するような企業については、一般消費者が抱くイメージ、すなわちブランドイメージが自然と醸成され、企業の様々な活動によって大きな影響を与えています。

また、法人を取引相手とするような企業は、我々一般消費者が企業の動きを知る機会は少ないですが、帝国データバンクや東京商工リサーチを代表とする信用調査会社などから企業情報を入手することは可能ですし、金融機関は、長年蓄積した独自の情報源を含め大手企業の情報を様々な角度から入手することができます。

さらに近年、大手企業を中心としたIR（投資家向け情報）の高まりから、財務情報を含めた多様な企業情報を開示する企業も増えてきています。

このような多様な企業情報経路がある大手企業と異なり、中小企業はホームページを持っていても、一般消費者がそのホームページを見る機会はあまり多くなく、またテレビや新聞などのメディアで取り上げられるほどの目立った商材がなければ、一般消費者がその企業の情報を得ることや、あるいは存在そのものを認識することはほとんどありません。

その結果、中小企業に対して金融機関の融資機会が生じても、その企業の情報を得る手法が大手企業に比べ極端に少ないので、優れた製品やサービスを持つ企業であっても、融資実行に至りにくいという現状があります。

こうした背景から、中小企業の中にも、S&P社のような格付け機関を有効に活用する会社が増えつつあるのです。

なお、格付けそのものは企業活動において、直接的な利益をもたらすものではありません。

それどころか、審査に必要な書類の準備や格付け取得費用など、様々な負担が発生します。S&P社SME担当によると、SME格付けの費用は1回50万円（1年に1回）、審査に約2週間ということです（図14参照）。

しかし、格付けに必要な財務情報を含めた様々な重要企業情報を提供し、積極的に格付けを取得するという中小企業に対し、たとえその格付け結果がそんなに高くなくても、**積極的に自社を客観視しようという「姿勢」に対し、金融機関は高い評価を与えています**（図15・16参照）。

ところで、ＩＳＯ（国際標準化機構 International Organization For Standardization）が出始めた頃には、認証取得しても直接儲けにはつながらないという考えで、しばらく様子を見ていた企業が中小企業だけでなく、大手企業も多くありました。

しかし、ＩＳＯは９００１（品質マネジメント）や１４００１（環境マネジメント）などをはじめとしてかなり一般的になり、大手企業だけではなく中小企業も取引の円滑化や経営レベルの向上などの目的で認証取得する企業も増えてきました。

このＩＳＯと同様に中小企業向け信用格付けも、まだ盛り上がりは今ひとつですが、近い将来増えてくることが考えられます。

「……なるほど。それで最近、川口さんが厳しくなったのか」

図 14　SME申し込み書類一式

必要書類	提出先	初回申込時	継続時（2回目以降）
SME 格付申込書	SME格付け事務センター 電話：03-5425-2344 メール：cs@kakuduke.co.jp	○	○
税務申告書	同上	5期分	1期分
融資残高証明書	同上	○（直近期分のみ）	○（直近期分のみ）
納税証明書	同上	○（直近期分のみ）	○（直近期分のみ）
商業登記簿謄本	同上	○	変更時のみ
印鑑登録証明書	同上	○	変更時のみ
会社案内等	同上	任意	任意
（確認書）発行依頼の件	取扱金融機関	○	○

納得の表情で、高島は小田に語りかけた。

「そうなんです。それでもまだ、川口さんはましな方だと思いますよ。何しろ高島印刷さんを何とかしたいという『想い』が強いですからね」

さりげなく川口のフォローもしつつ、小田は高島の理解の早さに安心した。

「そうか……。じゃあ、その期待に報いるためにも、一刻も早く対策を練らないとな」

早くも前向きに高島はこれからのことを考え始めた。

今だ、と川口は思った。

「では、社長。今後について私から提案があるのですが……？」

「ほう。それは？」

「はい、大きく二つあります。社長ご自身のことと、経営計画書作成についてです」

「……わかった。まだ、時間は十分あるから、このまま続けてくれますか？」

腰が据わった社長ほど、強い者はいない。

「わかりました。では、順番に説明していきましょう」

「うん。ひとつ頼みます」

図 15　格付け機関を利用した場合の金融機関の反応の違い

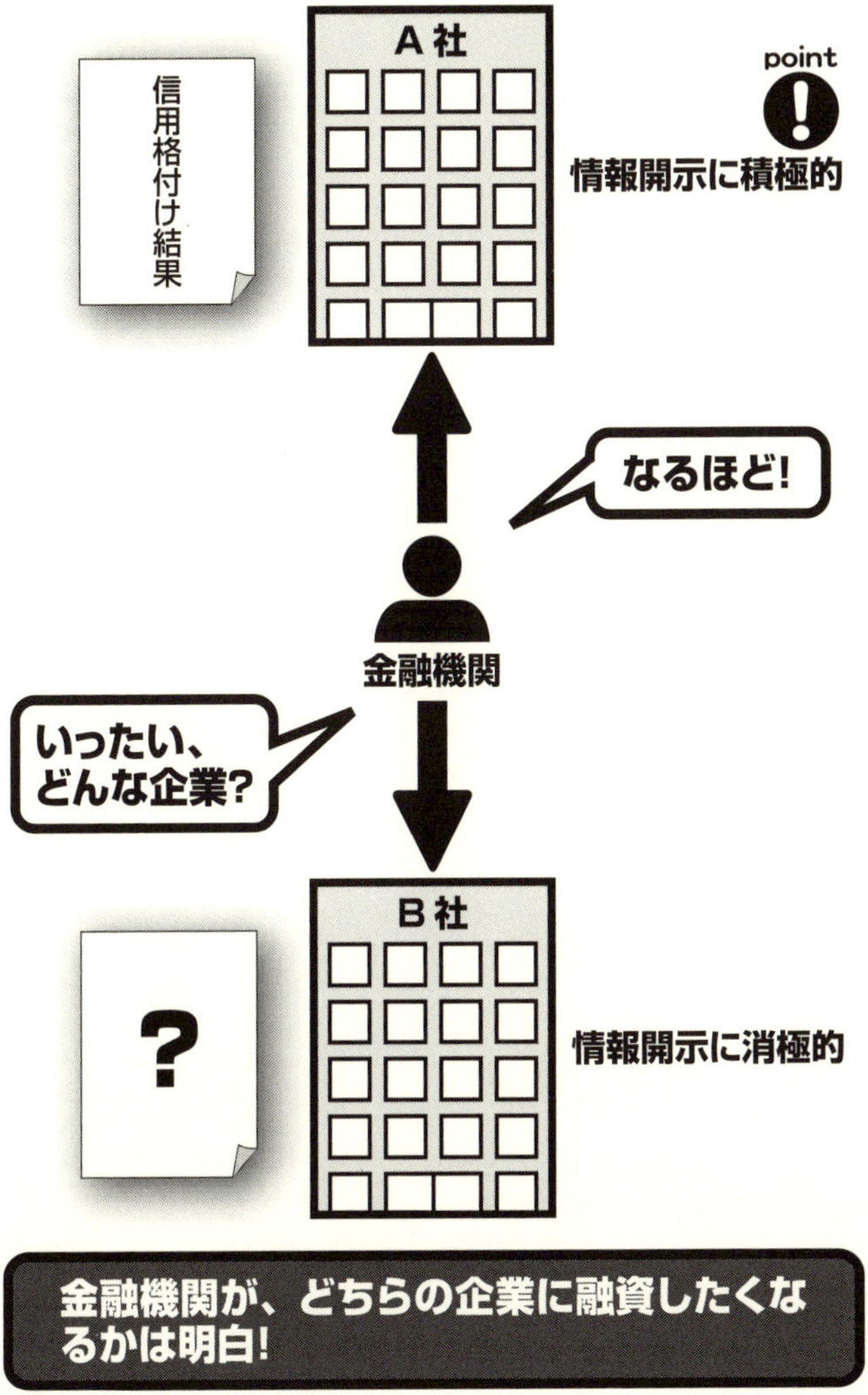
A 社
信用格付け結果
point
情報開示に積極的
なるほど!
金融機関
いったい、
どんな企業?
B 社
?
情報開示に消極的
金融機関が、どちらの企業に融資したくなるかは明白!

次章からは、円滑な融資を受けるための具体的な実行策について、詳しくみていきましょう。

図16　SME格付け取扱金融機関

豊和銀行	筑邦銀行	関東つくば銀行	みずほ銀行
北越銀行	千葉銀行	北日本銀行	三井住友銀行
北洋銀行	中国銀行	岐阜銀行	三菱東京UFJ銀行
北陸銀行	東京都民銀行	きらやか銀行	りそな銀行
北國銀行	東邦銀行	群馬銀行	埼玉りそな銀行
南日本銀行	鳥取銀行	西京銀行	愛知銀行
宮崎銀行	長崎銀行	佐賀銀行	青森銀行
宮崎太陽銀行	西日本シティ銀行	佐賀共栄銀行	秋田銀行
武蔵野銀行	八十二銀行	静岡銀行	足利銀行
もみじ銀行	肥後銀行	十八銀行	阿波銀行
山口銀行	百五銀行	荘内銀行	岩手銀行
山梨中央銀行	百十四銀行	常陽銀行	大分銀行
磐田信用金庫	広島銀行	親和銀行	大垣共立銀行
京都信用金庫	福井銀行	スルガ銀行	沖縄銀行
湘南信用金庫	福岡銀行	第四銀行	鹿児島銀行

（2008年3月現在　S&P社ホームページより）

コラム　すばらしき経営者　その1
「自分の言葉で伝えるK社長」

私がある電子部品メーカーにおいて、社員の意識改革や業務改善を支援させて頂いたときの話です。

まず約2ヶ月間、計5回に渡り、K社長からこれまでの会社の歩みや現在の課題、今後の抱負などについてお伺いしました（余談ですが、私が会社のことを知り社長が私のことを知って頂くため、このような事前打ち合わせにじっくり時間をさきます）。

そして今後、社員の意識改革や業務改善を進めるに際し、従業員の皆さんにご理解とご協力をお願いするため全従業員に集まって頂き、「K社の現状とこれから」というキックオフミーティングを行いました。

キックオフミーティングとは、定期的に行う営業会議などの通常のミーディングと異なり、ある期間、集中的に行う活動を開始する際、活動の目的を明確にし、参画メンバーの意欲を高めるミーティングのことです。

通常、キックオフミーティングでは、冒頭の挨拶と最後の締めの言葉を経営者が行い、中身の部分はコンサルタントが代行というのが、よくあるパターンです。

しかし、「自分の言葉で伝えたい」というK社長のご意向により、最初から最後まで社長ご自身で従業員の皆さんに語りかけられたのです。

私はミーティングの最後に、簡単に挨拶だけをしました。

K社長は、技術者肌であまり雄弁な方ではありません。

従業員によると、これまでは朝礼などで諸伝達は行っても、キックオフミーティングのときのように長い時間語りかけることは、全くなかったそうです。

従業員に意識改革や業務改善を求めるのであれば、**まず経営者ご自身が目に見える形で、何かこれまでと異なる姿を意識的に見せる**ことの大切さを感じました。

キックオフミーティング終了後の、Ｋ社長の充実した笑顔が忘れられません。

第3章

融資を受けたい
社長に
求められる
5つの作戦

「では、ここからは『社長ご自身の』金融機関対策についてみていきましょうか?」

小田は、話を進めた。

「うん。でも、そんなにたくさん考えることがあるんですか?」

高島は、少し身構えながら尋ねた。

それを見越して小田は、

「いえ。今まで話してきたことも関係してきますし、大きくは5点ほどです。ただ、これはあくまでも要点だけですので、後は社長の方でよくお考えになってください」

「そうか。…何しろ融資を受けるためだからね。頼みますよ」

高島は、心をこめてお願いした。

(1) 債務者区分ランクアップの可能性を検討する

「融資を実行するかしないか」「実行するとすれば、その額や金利はどうするか」といった金融機関の融資判断は、債務者区分によって決まります。

地元の有力者に口利きをお願いする、といったやり方も一部で根強く残っているようです。しかし、「もうそんな時代じゃない。金融検査マニュアルにのっとって仕事をしている我々にとって、有力者からの口利きで融資姿勢が変わることはない」と金融機関の担当者は口を揃えます。

すなわち、**円滑な融資を受けたいのであれば、あれこれ悩むよりも金融機関が企業を評価する仕組みを理解し、債務者区分のランクアップをまず考えて実行に移すこと**が近道です。

債務者区分の決定に際し、各金融機関は2章で示したような独自の評価の仕組み（評価表）と信用格付け表を持っていますが、メガバンクと呼ばれる大手金融機関では定量評価の割合が地域金融機関より高いと言われています。

また、企業が大手金融機関および地域金融機関の両方から融資を受けている場合、その企業に対する債務者区分は異なることがあり、地域金融機関が大手金融機関より甘い評価をしていることがあります。

したがって、金融機関から見て、貸したい！と思われるくらいの優良な財務状況であれば苦労はないですが、そのような財務状況でない中小企業にとっては、**金融機関から見て、貸すことが合理的である、と判断されるようにもっていくことが重要**です。

つまり、金融機関が融資判断する際のバイブルといえる**金融検査マニュアルの検証ポイント**（＝融資先企業の評価項目）において、極端な失点が少なく、ある程度まんべんなく点がとれており、また合計点も融資に値する、という評価がなされることが必要です。

金融検査マニュアルの検証ポイントを次に挙げます。

【1】代表者等との一体性
【2】企業の技術力、販売力、経営者の資質やこれらを踏まえた成長性
【3】経営改善計画
【4】貸出条件及びその履行状況
【5】貸出条件緩和債権
【6】企業・事業再生の取組みと要管理先に対する引当
【7】資本的劣後ローンの取扱い

たとえば、［1］の「代表者等との一体性」では、中小・零細企業等の場合、企業とその代表者等の業務、経理、資産所有等との関係は、大企業のように明確に区分・分離がなされておらず、**実質一体となっている場合が多い**ことに配慮しましょう、ということです。

つまり、中小・零細企業等の債務者区分の判断にあたっては、①企業の実態的な財務内容、②代表者等の役員に対する報酬の支払状況、③代表者等の収入状況や資産内容等をしっかり把握してくださいと、金融庁は金融機関に要望しています。

また、［2］の「技術力、販売力、経営者の資質やこれらを踏まえた成長性」では、①新商品・サービスの開発や販売状況を踏まえた今後の事業計画書等、②取扱い商品・サービスの販売先や仕入れ先の状況や評価、③同業者との比較に基づく販売条件、④仕入条件の優位性がわかるような資料等を求めています。

さらに、①過去の約定返済履歴等の取引実績、②経営者の経営改善に対する取組み姿勢、③財務諸表など計算書類の質の向上への取組み状況、④ISO等の資格取得状況、⑤人材育成への取組み姿勢、⑥後継者の存在等といった**経営者の資質**も重要視しています。

［3］の「経営改善計画」においては、中小・零細企業等の場合、企業の規模、人員等を勘案すると、経営企画室といった立派な部門がある大企業と異なり、事業計画書を書くの

もままならないことに配慮しています。

つまり、検査にあたっては、債務者が経営改善計画等を策定していない場合であっても、たとえば、①今後の資産売却予定、②役員報酬や諸経費の削減予定、③新商品等の開発計画や収支改善計画等のほか、④債務者の実態に即して金融機関が作成・分析した資料を踏まえて債務者区分の判断を行いましょうということです。

さらに、中小企業の場合、必ずしも精緻な経営改善計画等を作成できないことから、景気動向等により、進捗状況が計画を下回る（売上高等及び当期利益が事業計画に比して概ね8割に満たない）場合もあるので、債務者区分の検証においては、進捗状況のみをもって機械的・画一的に判断するのではなく、**計画を下回った要因について分析するとともに、今後の経営改善の見通し等を検討することが必要**としています。

なお、経営改善計画等の進捗状況や今後の見通しを検討する際には、バランスシートについての検討も重要ですが、キャッシュフローの見通しをより重視しています。

いかがですか？　もちろん、すべての検証ポイントで高い評価を受けることができる経営者なんて多くはいません。

肝心なのは、このような項目で企業が評価されているという**事実を把握し、評価を上げるためにひとつでも行動に移すこと**です。

では、具体的にどのような行動をとればよいのでしょうか。

まずは、金融機関に対し、定期的に決算書や計画書を持参し説明するという決心が必要です。どうしても社長は多忙なため、「用事があるときだけ金融機関に連絡を」となりがちですが、イザというときに迅速に対応してもらうためには、他の取引先と同様、マメな接触が肝要です。

そのためには、最低でも年に一回、できれば半期に一回、定期的に決算書や計画書を持参し説明するクセをつけましょう（詳細は94ページ参照）。

定期的に決算書や計画書を持参し説明するには、非現実的な事業計画を持参しても意味がありませんので、「**絶対達成予算**」の設定が必要です（１００ページ参照）。

また、現在の経営を客観視して将来の目標からの逆算で経営を考える「**過去のしがらみからの脱却**」（１０２ページ参照）、さらに儲かっていない中小企業に特徴的であり会社の存亡に大きく影響する「**取引先倒産への備え**」（１０４ページ参照）が必要です。

一般には、「『絶対達成予算』の設定」→「過去のしがらみからの脱却」→「取引先倒産への備え」を考え、そして実行してから、「債務者区分ランクアップの可能性を検討」や「定期的に決算書や計画書を持参し説明」という流れが多いと思いますが、本書の主題「**金融機関との良好な関係を保ち、より円滑な融資を受ける**」ためには、まず（1）債務者区分ランクアップの可能性を検討し、その実現手段として（2）定期的に決算書や計画書を持参し説明、さらにその準備として、（3）「絶対達成予算」の設定、（4）過去のしがらみからの脱却、（5）取引先倒産への備え、を実践しましょう、ということです（図1参照）。

（2）定期的に決算書や計画書を持参し説明

過去5期の決算書類において、売上高や利益および固定費・変動費が変化した要因を記述して客観的に過去を振り返るとともに、実現可能性が高い経営改善計画書を携えて金融機関に持参します（経営改善計画書の書き方については、第4章参照）。

これにより、「**自社を客観視しつつ、今後の経営に前向きな経営者**」というプラ

図１　融資を受けるための行動手順

従来の流れ

③「絶対達成予算」の設定
④過去のしがらみからの脱却
⑤取引先倒産への備え

↓

①債務者区分ランクアップの可能性を検討
②定期的に決算書や計画書を持参し説明

円滑な融資を受けるには!

①債務者区分ランクアップの可能性を検討

金融機関との良好な関係を築くために、しっかりと意識!

point

↓

②定期的に決算書や計画書を持参し説明

↓

③「絶対達成予算」の設定
④過去のしがらみからの脱却
⑤取引先倒産への備え

ス評価を受けることができます。

しかし、社長の都合のよいときや融資が欲しいときだけ金融機関に説明に行っても、効果はありません。

通常、企業が融資を依頼する場合には、工場建設など比較的時間に余裕があり、事前に融資を受けたいタイミングがある程度わかる場合もあれば、手形決済など急を要する場合も多々あります。

そのため、たくさんの融資審査をしている金融機関にとって、審査は手慣れているものの、急な場合は他の案件の優先順位などのために、できるだけ避けたいというのが心情です。

また、信用金庫や信用組合を含め各金融機関には、定期的に金融庁の検査が入り、金融検査マニュアルに基づき、融資状況などを検査しています。

各金融機関は、事前に各融資が妥当かどうか、言い換えれば金融庁の検査官から指摘を受けるような融資がないかに神経を使っているのです。

こうして金融機関は、融資に値するまともな会社かどうかを常にシビアに評価します。

一方、ほとんどの会社は、自社や業界を客観視したり、会社の将来を具体化することができていません。そのため急に計画書を書いても、時間の制約上、しょせんはつけ焼刃の内容となります。

たとえば、保有マンション等の管理を行うある中小企業では、金融機関が持つ債権が整理回収機構（預金保険機構傘下の公的整理機関）へ売られたため、事業計画書の提出を求められました。

ところが、社長はこれまで事業計画書を書いたことがなく、どのように書けばよいかわかりません。

何とか関連書籍を見ながら書き上げたものの、内容が不十分だったためまともには受けとってもらえませんでした。

詳細は記述できませんが、結局、保有マンションなどの資産のほとんどが売却され、社長は一《いち》管理人として、雇用される立場になったということです。

これは極端な例ですので、もちろん毎月金融機関に行く必要はありませんが、**最低でも年に2回は定期的に持参**してこそ高い評価をしてくれます。

特に、財務状況がよくなければよくないなりに、定期的に決算書や計画書を持参し説明することで、「まともな会社」「まともな社長」ということを印象づけられます。

ちなみに、説明の際は以下のことに気をつけましょう。

[1] 長時間の説明は避ける

「せっかく書いた事業計画書だから、しっかり聞いて欲しい」という想いから、長々と説明してしまう社長がいます。

お気持ちはわかります。

ですが、融資判断や信用格付け見直しのタイミングでもなければ、あなたの書いた事業計画書は、金融機関からすると「あえて今見なくてもよい資料」です。

前後の雑談を含め、**長くても30分**としましょう。

ただし、金融機関から詳しい説明を求められた場合は、この限りではありません。

[2] 五十日《ごとおび》は避ける

毎月5日、10日、15日、20日、25日、および月末日は避けましょう。

企業側だけでなく金融機関も何かと多忙な日だからです。

いつもよりいろいろな企業の営業車が多く動いていますので、くれぐれも渋滞して金融機関との約束に遅刻しないように注意しましょう。

［3］ 2回目以降の際、前回をふまえた説明とする

前回説明した事業計画が、今現在どのような状況なのかをしっかりと伝えることが重要です。計画が変更になったときにはその理由を、計画に対して実績が下回った場合はその客観的分析を説明しましょう。

毎回毎回新たな計画を説明していては、**計画そのものの信憑性《しんぴょうせい》が疑われます。**「あれっ、以前聞いたこととのつながりは？」と金融機関担当者に思われないように気をつけましょう。

最後にポイントとして、社長は自身の言葉で金融機関に語る必要がありますが、**今後の経営に対する「前向きさ」を見せること。**これが大事です。

（3）「絶対達成予算」の設定

改めて伺いますが、予算策定の際にはどのような基準で「目標」を立てていますか？たとえば、売上目標の場合「○円の利益を得るには、×円くらいの売り上げがないとやっていけない」「昨年のこの月は△円の売り上げだったから、今年の売り上げは□円くらいかな」といったように漫然と「今期の売り上げ目標」を設定していませんか？

金融機関は、実現可能性の低い経営目標をすぐに見抜きます。

経営目標値は「できたらいいな」という希望値ではなく、「絶対達成するぞ！」という必達値でなければなりません。

売上げや原価、利益において、自分自身を鼓舞する実現可能な値を設定すべきです。

つまり、予算策定の際は、予想売上げから実際原価を引いた結果としての利益ではなく、目標売上げから「今期は、これぐらいの利益を確保したい」という目標利益を設定し、その上で「原価をこれくらいに抑えよう」という目標原価を設定することをお忘れなく（図

図2　予算策定の考え方

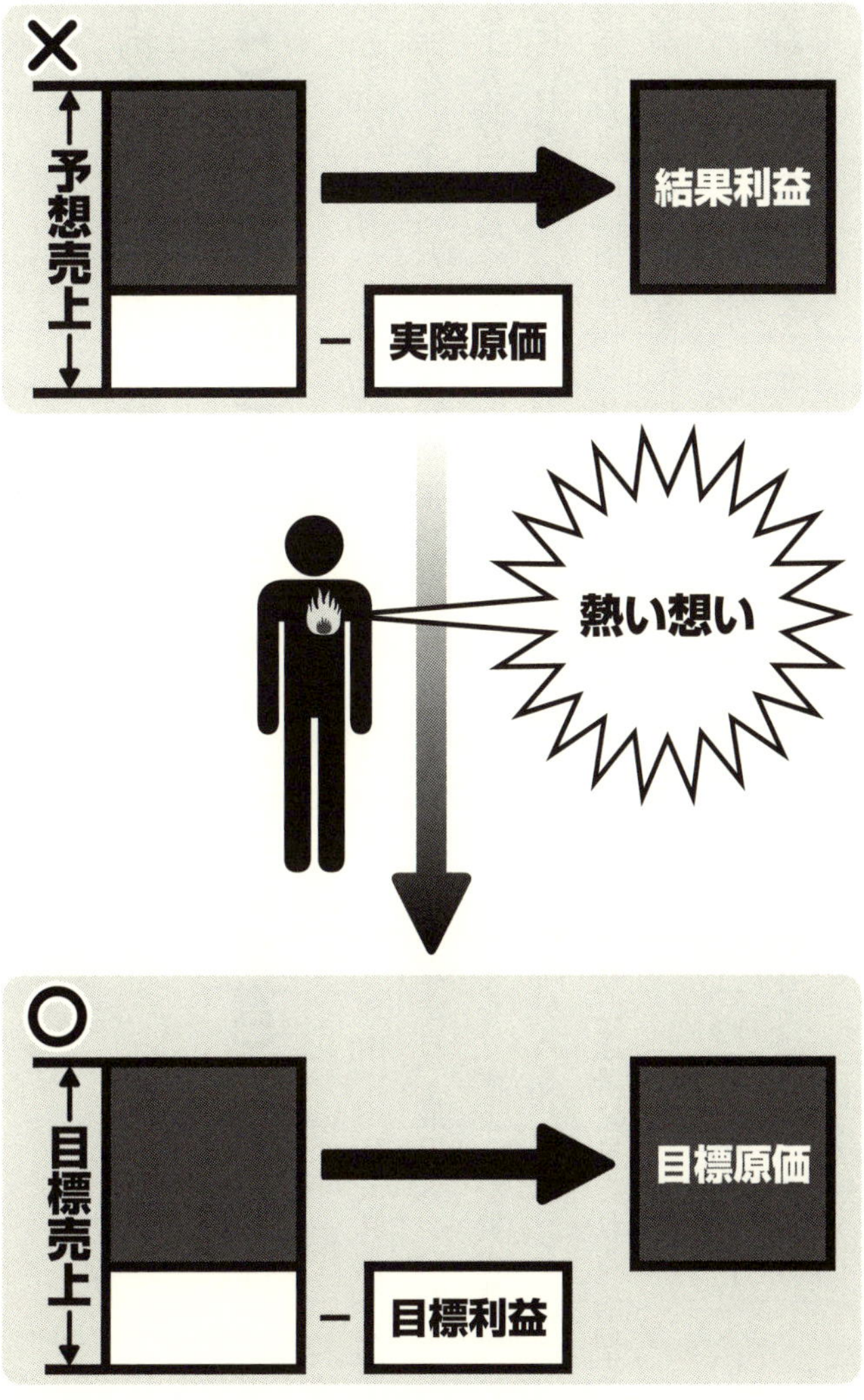

2参照)。

その予算に、社長の「熱い想い」は入っていますか?

(4)過去のしがらみからの脱却(非連続経営)

たとえば「以前からお世話になっている仕入先だから」という理由で、仕入れ先への価格交渉をしなかったり、「長年頑張ってくれているパートさんだから、最近入ったパートさんより時給を高くしよう」と最近入ったパートさんのやる気をなくすような賃金体系、「既存のお客さんへフォローが大切だから、新規顧客開拓は時間があるときに……」と、新規開拓が単に面倒な代わりの言い訳など、儲かっていない会社に顕著に見られる「過去のしがらみから脱却できない」例はたくさんあります。

このようなことに対し、**できることから目をそむけず、一つひとつ改善していく姿勢を見せること**が金融機関から高い評価を受けることになります。

一方、経営改善の取組みは「現在の延長線上」と考えるのではなく、たとえばまず「3年後」「5年後」といった具体的な会社の姿を思い浮かべます（図3参照）。

それから「その姿を実現するためには、この1年何をすればよいか」と当座の目標を設定し、達成した後は次の中間目標、そしてまた次……と、目標を次々と設定して達成していく**逆算の発想が必要**です。

金融機関は、行きあたりばったりの経営に信用をおきません。

融資判断は、現在の企業の返済能力がすべてです。

そのため、「3年後の理想とする経営は」といった夢物語ではなく、現在の経営をゼロから見直すくらいの気持ちが求められます。

たとえば、今から会社を立ち上げる創業者が書く事業計画書に「これくらい、このサービスが世の中に広がったらいいな」「そのときの売り上げは◎円で、社員も△名くらい欲しいな」といった夢物語が書かれていても、金融機関は「そうですか、頑張ってくださいね」と笑顔で言うだけで、融資はまず実行してくれません。

創業者に対して積極的に融資を引き受けてくれる国民生活金融公庫は別として、一般の金融機関は3事業年度を経ていない、つまり3回決算を終えていない企業への融資は基本的に引き受けてくれないことがほとんどです。

つまり、会社設立以降3年の間、しっかりと経営を続けてはじめて、一般金融機関の融資審査への門が開かれる、と言えます。

また、会社を設立してある程度の年数が経ち、融資を受けるために金融機関と良好な関係を築きたい企業経営者にとって、金融機関から「笑顔でかわされる」計画書ではなく、融資につながる計画書であること、それが、**一般的な事業計画書と経営改善計画書の違い**です。

（5）取引先倒産への備え（与信管理）

金融機関は、つまるところ「融資したおカネがちゃんと返ってくるか」しか、関心がありません。

ある信用金庫の室長と飲んだ際、次のようにぼやいていました。

「うち（○○信用金庫）の上層部は、当局、金融庁の顔色ばかり気にしていて『金融庁の検査で特に問題なければ、それでよし』という考えなんです。『企業さんにとってよりよ

図3　具体的な会社の将来図

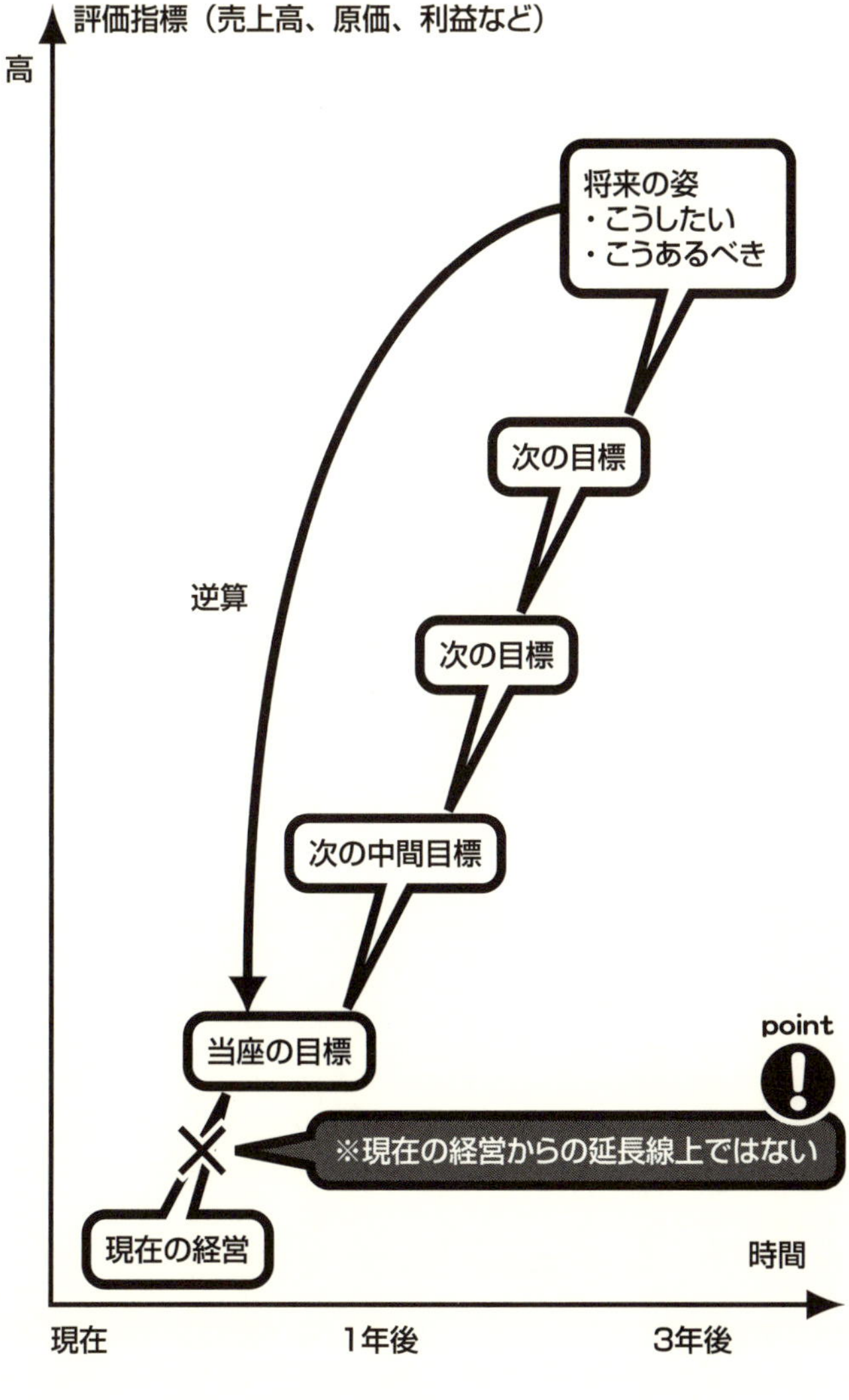
評価指標（売上高、原価、利益など）
高
将来の姿
・こうしたい
・こうあるべき
次の目標
次の目標
次の中間目標
逆算
当座の目標
point
※現在の経営からの延長線上ではない
現在の経営
時間
現在
1年後
3年後

い金融機関とは』『望まれる金融機関とは』という考えではないんですよ。だから、こんな上司を見ていて、融資担当者が育たないです……」

前述したように、金融庁の指導、つまり金融検査マニュアルに基づいて貸し出し姿勢が決まる金融機関にとって、検査官に対して説明のつかない融資を増やすことはできません。言いかえれば、貸し出し先企業の業績が良好、あるいはある程度安定しており、滞りなく返済されているか、もしくは金融検査マニュアルに基づいた信用格付けがなされていることが書類として明示されれば、**金融機関内部としてはＯＫ**なのです。

このことを踏まえた上で、次の例を見てみましょう。

ある中小企業で、金融機関担当者と社長との会話です。

金融機関担当者

「社長、こちらの会社では、毎年およそ○円の貸し倒れが発生していますが、同規模の同業他社と比べるとかなり多いと思います。厳しいご時世ですし、よいお客様ばかりではないことは重々承知していますが、当行としても御社への融資判断の材料として、資金繰りの状況をかなり気にしております。つきましては、売り上げが大きく伸びることが難しい現状では、仕入コストの削減や貸倒リスクの低減以外に資金面で改善の余地がないと思っております。ちなみに与信管理はどのようにしておられますか？」

社長

「昔は業界の集まりにもよく顔を出して、共通のお客さんに関する情報交換してたけど……。ここ数年は忙しくて、ほとんど集まりにも行ってないなあ。まぁ、潰れるところは潰れるし、与信管理といってもどうしようもない。××データバンクの倒産情報を、時々チェックしてるくらいかな」

この会社は、じわじわと資金繰りが厳しくなり、数年後には経営が立ち行かなくなりました。

このような社長が、意外に多くいます。

あなたの会社は大丈夫ですか？

与信管理を含め、取引先の倒産への備えをしっかりしていない企業に対し、金融機関が高い評価をするはずがありません。

一概には言えませんが、売り上げが少々下がっても常日頃の備えで、会社はなんとか持ちこたえることができます。

しかし、大口の顧客が倒産して大きな入金予定がなくなってしまうと、一気に自分の会社も危うくなります。

与信管理ができていない企業は、間違いなく業績が厳しいです。なぜなら、社長や営業マンの売り上げだけを気にして、入金を気にしないからです。

その結果、貸し倒れが多く発生し、利益につながりません。

金融機関は、このことは百も承知です。融資先企業が**しっかりとした与信管理を行っているか**を気にしています。

したがって、信用調査会社などを利用することで、新規だけでなく既存の取引先にも与信管理をしっかりと行い、**与信管理体制を金融機関に伝えることで信用力をアップさせる**ことが重要です。

具体的には、図4のような顧客一覧を作成して金融機関に提示することで、しっかりとした与信管理を行っていることをアピールすることができます。

図4　主要顧客一覧（与信管理）

2008年○月○日

主要顧客一覧

（株）島ノ内商会

No	販売実績 2008年1～3月平均 （万円／月）	企業名	主な納品物	備考
1	1,852	(株)A	○○ △△	一部延滞があり、当社K部長が管理。最近、業績が厳しいようなので、月2回はK部長が商談を兼ね訪問
2	1,603	B(株)	○○ □□	2ヶ月に一度は、B社担当者と弊社社長が食事をし、B社の状況を把握
3	1,009	(株)C	○○ △△	弊社社長と学生時代からの友人でもある同業M社専務からC社の動向を都度入手（C社とM社は密接なつながり有り）
…				
…				

なお、与信管理にはそれなりの手間とお金がかかりますが、融資をきちんと受けるためには必要なコストだと考えてください。

このように、金融機関から融資を受けるためには、まず（1）債務者区分ランクアップの可能性を検討することを社長がしっかりと意識し、実現の手段として（2）定期的に決算書や計画書を持参し説明することが必要です。そのためには、（3）「絶対達成予算」の設定、（4）過去のしがらみからの脱却、（5）取引先倒産への備えなどを行いましょう。

業績良好の企業は別として、そうでない中小企業にとって円滑な融資を受けるには、今まで述べてきたことが実践できる「まともな社長」であることが、なにより必要なのです。

コラム　すばらしき経営者　その2「同族会社ながら、営業会議をキチンと開くM社長」

特殊な素形材を扱う製造卸M社は、30代後半のM社長と、社長の父親である現会長、社長の弟の営業部長の3名が、主に営業を担っています。

M社長は、毎週金曜日の午後に3人で営業会議を開き、各自の今週の営業活動を振り返るとともに、来週の予定を具体的に確認しています。

一般的に、**中小の同族会社**では「あえて『会議』だと肩肘を張らなくても、お互いの業務はわかっている」という認識や、もしくは身内への遠慮からか、営業会議をキチンと開いている会社は少ないようです。

しかし、この章の最後に書いたような「まともな社長」を目指すには、会議は必要です。

多くの企業では、単なる「報告」に終始する無駄な会議があるとよく聞きますし、それは事実ですが、**会議が苦手な社長が自分に都合よく解釈していないでしょうか?**

ほかにも、M社長は次のような工夫を凝らしています。

●M社長の工夫①

先に挙げた営業会議では、時々「**営業のロールプレーイング**」を行っています。

たとえば、顧客に見立てたM社長に対して営業部長が営業トークを行い、会長が評価するという具合です（筆者も時々、顧客の立場を演じることがあります）。

M社は、扱う商材の特殊性により新規顧客の開拓は少なく、既存顧客に対するルート営業が主です。多くは、長年のおつき合いから成り立っています。

一見すると手堅い商売のようですが、それでもロールプレーイングを行い、M社の営業レベルの改善に努めておられます。

というのも「いくらベテランの営業マンでも一歩外に出れば、その仕事ぶりは社長も誰もわからない」「営業日報だけでは、顧客からの質問に対して十分な対応ができているかどうかわからない」という危機感や問題意識をM社長が持ち続けているからです。

●M社長の工夫②

M社長は、この営業会議に、経理担当兼電話番のSさんも同席させています（ちなみにSさんは、派遣社員です）。

Sさんは、営業会議では基本的に聞いているだけですが、同席することで**営業の状況を把握できます**。

また、顧客からの様々な問い合わせの電話に対し、その都度M社長に確認しなくても、ある程度は対応をすることができるのです。

同族会社では、お互いの業務、特に外回り業務の状況を知らずに、外部からの電話に対して社長の帰社予定日時すら回答することができないところも意外にあります。

それに対してM社は、中小企業としてできる範囲で、日々の業務の中に営業マン教育やコミュニケーションをとり入れ、マンネリ化することなく取り組んでおられるのです。

第4章

経営改善計画書作成 8つの実践ノウハウ

「いや～、おかげでやるべきことが見えてきましたよ」

高島は、まんざらでもない様子で感想を述べた。

「そうですね。ここまでで金融機関への対策は、かなり見えてきたと思います。では、続いて**『経営改善計画書の書き方』**について見ていきたいと思います」

島ノ内は高島の姿勢に安心して答えた。

「うん、宜しくお願いしますよ」


（筆者注）

実際、著者が各地商工会議所等で、これまで述べたような「金融機関の姿勢の変化や格付け評価の仕組みを説明するセミナー」をした後の受講者アンケートをみると、多くの方が「経営改善計画書の具体的な書き方を教えてほしい」「次回は、経営改善計画書の書き方についてのセミナー開催を希望する」といったご要望を頂戴します。

（1）【納期】説明する相手と日時を先に決め、自分へのプレッシャーとする

金融機関からの依頼ではない経営改善計画書は、特に期限がないため「延び延び」になってしまいがちです。しかし、それではいつまでたっても経営計画改善書は完成しません。

この機会に、あらかじめ金融機関に対してたとえば、

「今度、初めて経営改善計画書を作成します。つきましては、２ヶ月後の○月×日あたりにお時間を頂いてもよろしいでしょうか。ご説明にお伺いしたいと思います」

と、作成前もしくは作成直後に説明日の約束をとりつけ、社長自身にプレッシャーをかけるべきです。

また、社内に対して事前に説明するのであれば、

「2ヶ月後の○月△日、午後1時から経営改善計画書の説明をします。全従業員の皆さん。この日は各担当業務で事前調整して頂き、できる限り会議室に集まってください」

と宣言するのです。ある社長が、

「社員の仕事は社長が管理しますけど、社長の仕事は誰も管理しないですから、何らかの

縛りがないと、いつまでもズルズルと先延ばしになってしまいますね」

と言っていました。

その会社は、従業員15名、年商3億円規模のアルミ関連製造業です。

2代目である現社長は、父親の代の「お客様やお取引先を大切にする」という姿勢は大切にしつつも、新規開拓方法や社員教育、ＩＴ導入など様々な面で前向きに取り組んでいます。

また多忙な日常の中、時間を割いてセミナーや異業種交流会にも積極的に参加し、世話役などもやっておられます。

以前、著者が営業コンサルティングに入らせて頂いた際、図1のように小さな決めごとでも、具体的な作業や期限、担当者などを決めることで物事が進んでいくことを体感して頂きました。

以来、社長自身のどんな小さな取り組みにも期限を決め、社員に宣言して取り組んでおられます。


期限がない仕事は、仕事ではありません。

そのことは、社員への日々の指導や業務命令を通じて、社長自身が一番ご存知のはずで

図1　新規開拓のための会社案内パンフレット見直し

No	具体的な作業	期限	担当
1	自社の差別化要因を 300 ～ 500 文字程度で書く	○月○日	社長
2	パンフレットのレイアウトの案出し（表紙～2ページまで）	△月△日	社長
3	パンフレットのレイアウトの案出し（3ページ～最終6ページまで）	△月◇日	専務
4	現場写真撮影（表紙と4ページに挿入）	△月□日	社長
5	全体デザイン最終化	△月×日	社長

す。

（2）【時間】毎日1時間、経営改善計画書に集中する時間をとる

現場の仕事が多い中小企業の社長にとって、経営改善計画書の作成は非日常業務です。日常業務に埋没しがちな社長は、あえて時間を捻出しないといつまで経っても書けないはずです。

「時間があるときに書こう」では一生完成しません。毎日1時間もしくは週2回各2時間でも、経営改善計画書作成に集中する時間をとるようにしましょう。

そうすることで、少しずつでも前進します。

経営改善計画書を書く**理想の時間帯は、朝**です。

朝は、新鮮な気持ちで前向きになれる時間です。

始業前、あるいは始業後すぐの1時間が最適です。

朝は比較的、社内のいろいろな仕事が円滑に進んでいます。

日常業務の雑事は社員に任せて、社長本来の時間を確保するのです。

図2　少しずつでも前進

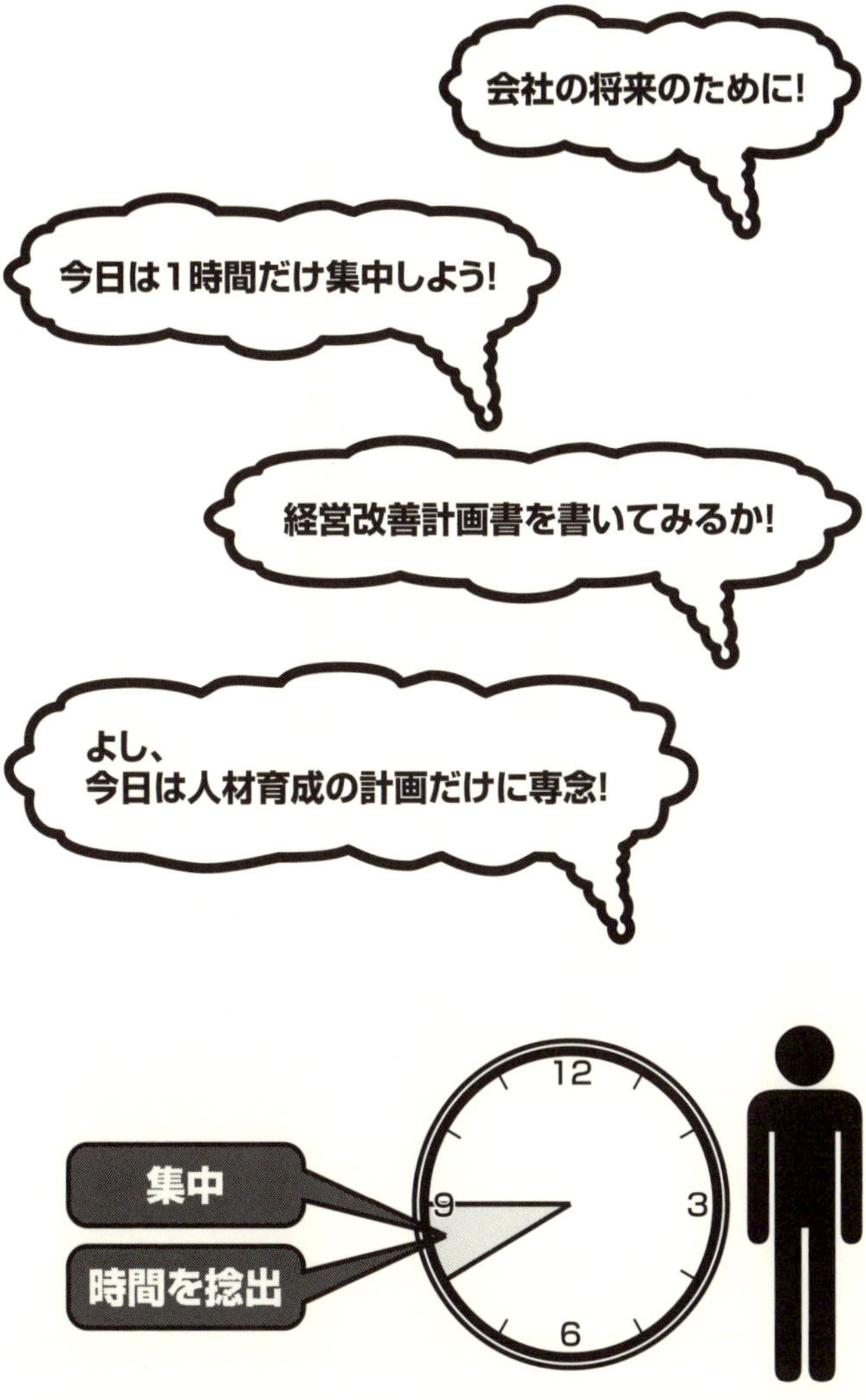
会社の将来のために!
今日は1時間だけ集中しよう!
経営改善計画書を書いてみるか!
よし、
今日は人材育成の計画だけに専念!
集中
時間を捻出
12
3
6
9

朝から仕事が円滑に進まず、バタバタとしているような会社は、そもそも前日までの事前段取りがうまくいっていない証拠です。

確かにこれは孤独な作業ですが、決して逃げないでください。

会社の将来を考えて文字にすることも、社長の仕事なのですから。

(3)【場所】自分の机で考えない

会社の自分の机で集中しようと思っても、多忙な社長に限って社員から、

「社長、この書類の確認をお願いします」

「社長、お客さんからお電話入っていますが、どうしましょう?」

「社長、ちょっと教えてほしいのですが……」

と時間が分断されてしまい、あっという間に1~2時間が過ぎがちです。

そのような社長は、自分の机や部屋ではなく車を少し飛ばして、近所のファミリーレストランや喫茶店にこもるべきです。

平日の朝9時過ぎ頃から11時頃までは、意外に静かです。

特に、ファミリーレストランのテーブルは広めで、パソコンや資料を広げやすく、ドリンクバーを利用すれば、いろんな飲み物を楽しめます。

市場データなどの調べ物は、図書館がお勧めです。最近の図書館は、利用者へのサービスが格段に向上し、窓口で調べたい項目を伝えると、司書の方が手際よく調べてくれます。各地で指定管理者制度の推進に伴い、文化ホールや運動施設などを含めた様々な公共施設の見直しが進む中、図書館のよさを再認識してもらおうと、ビジネス関連のセミナーを開催している図書館も少しずつですが、増えてきました。

いずれにしても**気分転換はとても大事**です。

その日の気分次第で、社内でも社外でもどこでも、経営改善計画書が書けるよう、ノートパソコンは必須アイテムです。

ただし、トイレ休憩時に、置き引きには注意してください。

（４）【社員の巻きこみ】社長ひとりで考えない。社員と一緒に考える

経営改善計画書を作成するときは、社長ひとりが何日もパソコンに向かう「孤独な作

業」になるはずです。

ですので、社長ひとりの独善的な視点に陥らないため、また社長以上にお客様と日々接することでわかる「現場の意見」をとり入れるために、社員と一緒に経営改善計画書の内容について、意見交換しながら作り上げるのです。

たとえば、企業の外部環境と内部環境を分析する際に一般的な、**SWOT分析**（※注6）を行う場合、社員に対して社長が図3の様な様式を一通り説明した後、社員に記入用紙を渡してその場で書きこんでもらうか、

「○日後に提出してください」

とお願いするのです。

この試みについて、

「うちの社員は、こんな用紙を渡してもなかなか書いてくれない」

とぼやくよりも、

「**経営改善計画書を書きたい**」

「**社員の皆さんの意見も参考にしたい**」

という**社長の想い**をしっかりと伝え、また社長自身が事前に勉強して書き方の例を具体

図3　記入用紙の例

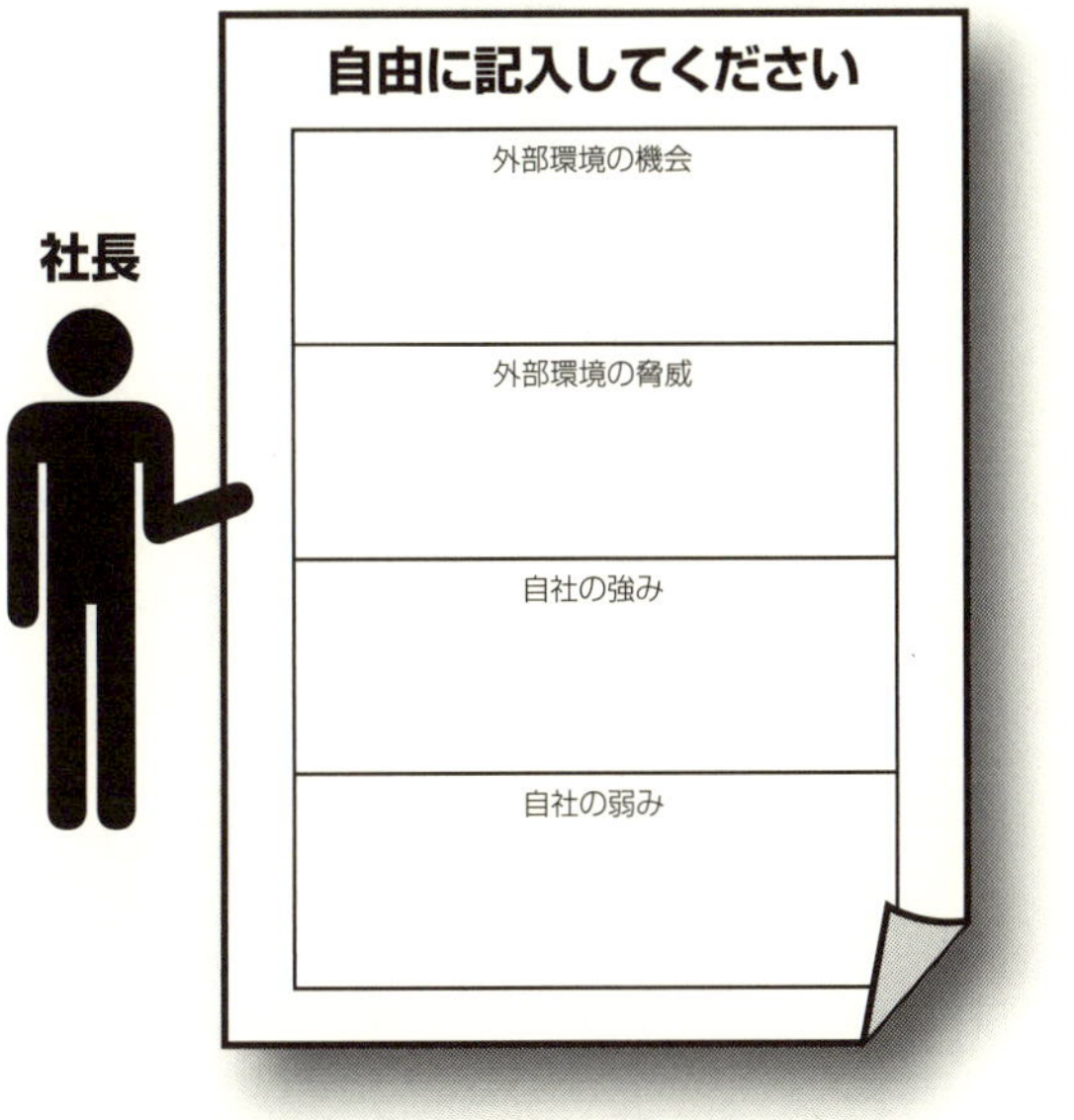
自由に記入してください
外部環境の機会
外部環境の脅威
自社の強み
自社の弱み
社長

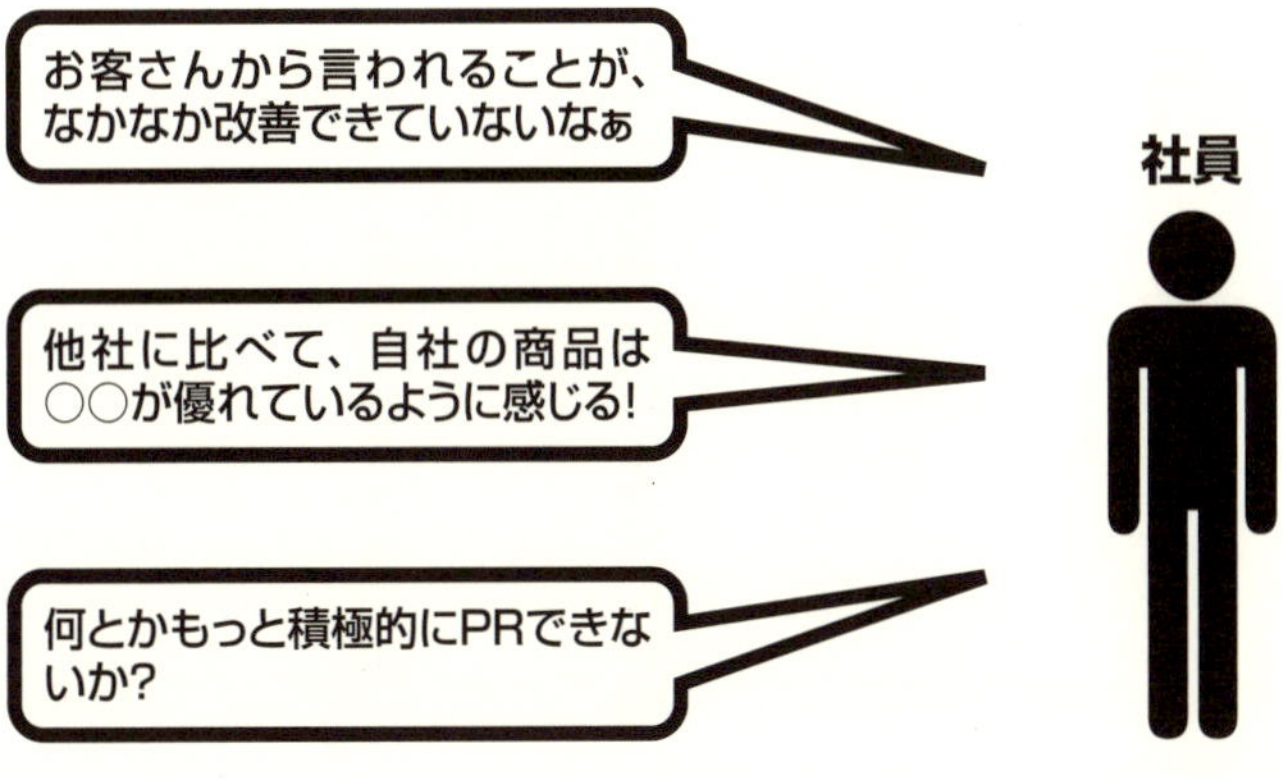
お客さんから言われることが、なかなか改善できていないなぁ
他社に比べて、自社の商品は○○が優れているように感じる!
何とかもっと積極的にPRできないか?
社員

的に示すことにより、社員は必ず記入してくれます。

一方、経営改善計画書は、所詮「**絵に描いた餅**」です。

業務として実践しなければ、一円も売上げや利益につながりません。

業務として実践するのは、**社員一人ひとり**です。

そう考えますと、社長室で社長とコンサルタントの二人だけで考えた経営改善計画書であっては、意味がないのです。

社員からすれば、他人事だと思うに違いありません。

むしろ、社員にも作成段階から随時参画してもらい、「**自分たちで作り上げた経営改善計画書**」としていくべきです。

たとえば、以前お手伝いした年商約1億円のあるサービス業では、創業10周年の節目に事業計画書を初めて作成されましたが、このときは社長と私とで事業計画書を作成し、これに基づいて一年間、社員教育などの取り組みを実践しました。

そして1年後、2回目の事業計画書作成においては、新たに役員となったKさんと、役員ではありませんが、創業期からの主要メンバーであるMさんと計3名で事業計画書作成に取り組まれたのです。

一泊二日の合宿も行い、現在と今後の経営全体について何時間にもわたる意見交換を経て、約一ヶ月かけて2回目の事業計画書を作成しました。

社員の皆さんに説明する際、社長が「事業計画書ができたこと以上に、Kさん、Mさんと一緒に考えたこと、何度も意見交換したことが何よりよかったと思います」とおっしゃっていました。

来期以降のプランを具体化する意味で、期末に事業計画書を書くことはよくありますが、この会社も事業計画書作成と期末、そして本業の繁忙期と重なりとても大変だったようですが、充実した一、二ヶ月だったと思います。

（注6）SWOT分析

競合他社と比較した場合の自社の強み（Strength）と自社の弱み（Weakness）、経済動向や市場動向などの自社をとり巻く外部環境の機会（Opportunity）、外部環境の脅威（Threat）を客観的に評価・分析する手法のこと。金融機関が独自に持つ、経営改善計画書の様式に盛りこまれていることが多い。

（5）【様式】ノウハウ本を見ても書けない。金融機関から様式をもらう方が早い

巻に、経営計画書や事業計画書の書き方について解説した書籍は、たくさん出版されています。

しかし、**「金融機関への提出を意識した」**経営改善計画書の書き方について解説した書籍は、ほとんど見かけません（図4参照）。

書類の作成にそもそも慣れていない企業経営者にとって、一般的な経営計画書や事業計画書のノウハウ本を見ても、どのページから書き始めればよいのか着手に時間がかかるでしょう。

さらに書きながら、「他に入れるべき内容があるのではないか？」「これで本当に正しいのだろうか？」と心配になることでしょう。

結果的に、いつまで経っても経営改善計画書は完成しません。

では、どうすればよいのでしょうか？

てっとり早いのは、金融機関に**様式そのものをもらう**ことです（図5参照）。

図4　書籍はたくさん出版されている

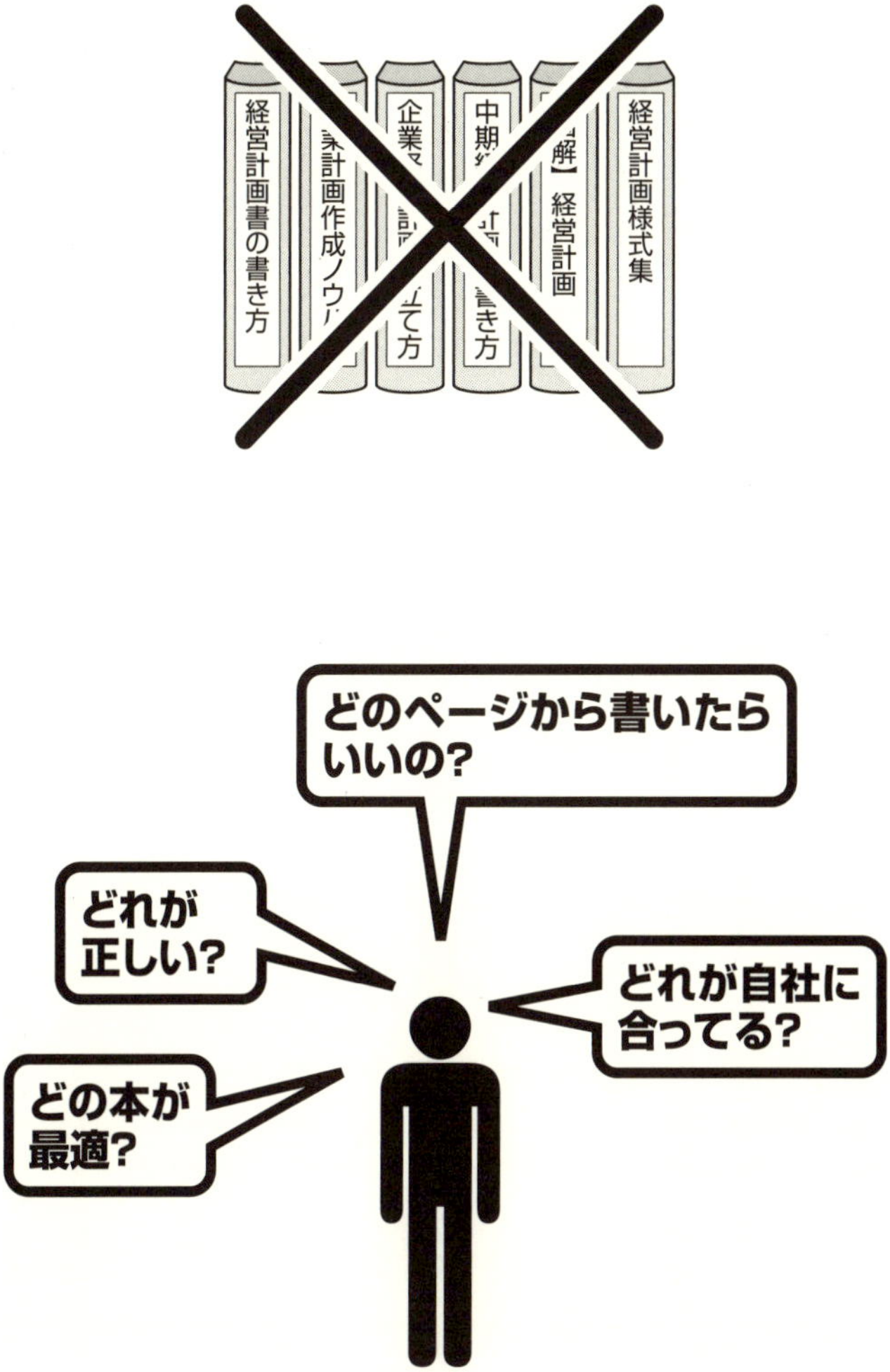
経営計画書の書き方
経営計画様式集
どのページから書いたらいいの?
どれが正しい?
どれが自社に合ってる?
どの本が最適?

昨今、金融機関は信用格付けの参考に、企業に対して経営改善計画書の提出を求めることが多くなっていますが、たくさんの融資先を比較検討しやすいよう、また審査の効率化を図るため、何がしかの様式を持っています。

もし、改めて

「経営改善計画書を作成したいので、書類を用意してほしい」

と担当者に頼んでみたら、どんな反応を示すでしょうか？

おそらく、

「えっ？　社長……どうしたんですか⁉　他の金融機関から提出を求められたんですか？」

と不審がるでしょう。

ですが、そんなことは気にもせず

「別に。少し勉強したんだけど、最近金融機関は担保・保証だけでなく、事業計画書といった書類も審査には必要なんでしょ。金融機関と、いいおつき合いをしたいからさ……」

と言えば、

「えっ、あの社長が⁉」

図5　書式は、金融機関にもらう

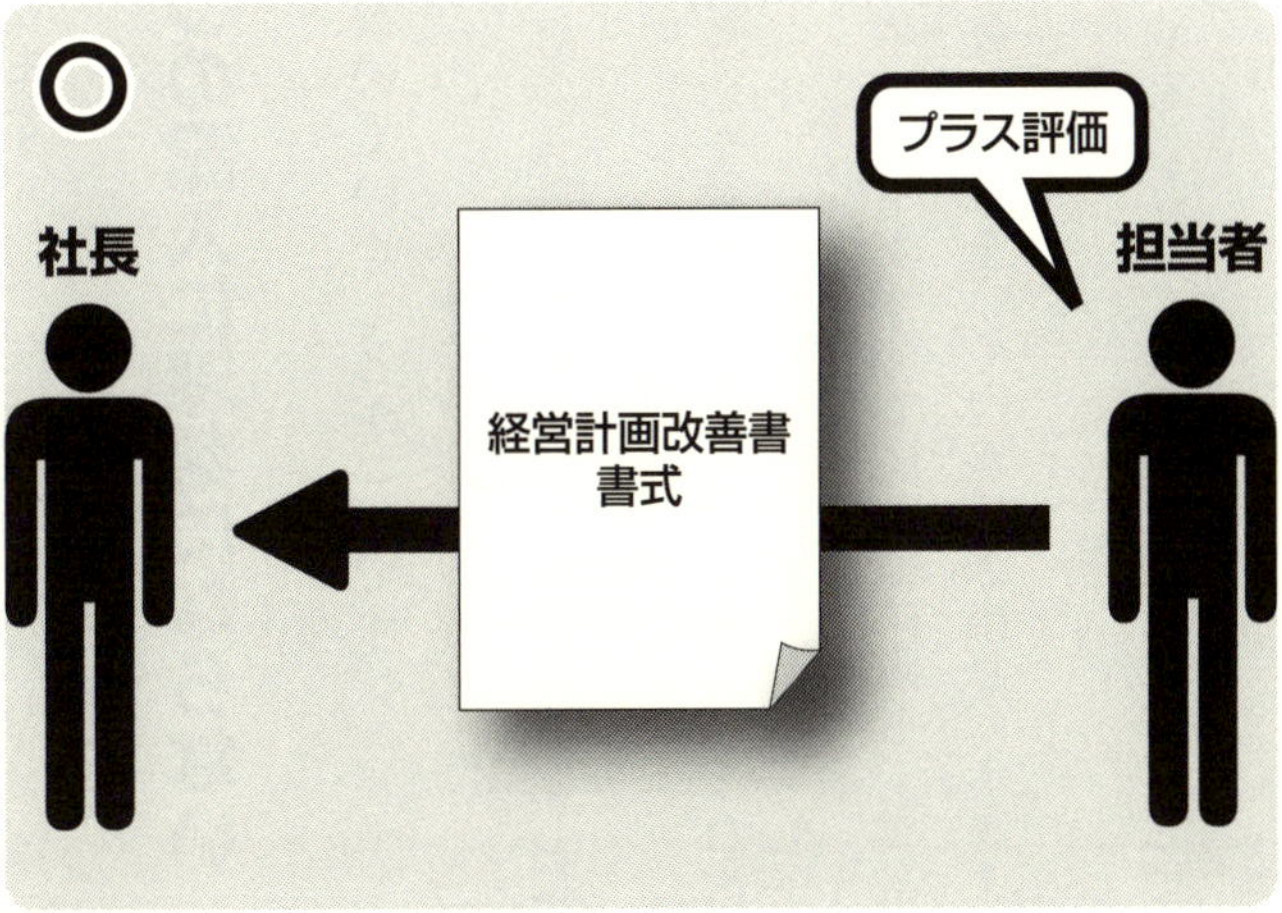

と前向きな驚きとともに、プラス評価につながります。

（6）【手法その1】項目一つひとつの記入に深刻にならない

様式を入手した後は、**書ける欄からどんどん書いていく**ことがコツです。

「う～ん、経営理念を決めないといけないのか……」

「今期の目標売上高や原価はある程度わかるけど、3年後の目標売上高や原価は設定しにくいなぁ～」

と行き詰まってもそこで立ち止まらずに、仮の経営理念や数値目標を入れてみて、また次の日に見直せばよいのです。

たとえば、今回新たに経営理念を決めるときに、インターネットで同業種に限らず異業種の会社のホームページを見て、社長の考えと近い経営理念をいくつか抜き出し、ホワイトボードや手帳に書き溜めておきます。

その後、書き溜めた経営理念を時々眺めながら、自社にぴったりの経営理念に修正していくのです（図6参照）。

図6　いろいろな企業の理念を書き出す

A社「お客様第一の精神で…」
B社「私たちは地域社会に寄与し…」
C社「お客様にとっての付加価値を常に意識し…」
D社「創意工夫の精神で…」
point
自社の経営理念に落とし込む

その際、整理整頓をおろそかにしている中小企業にとっては、整理整頓を進めることも、改善項目のひとつとして結構有効です。

ちなみに、**「整理」と「整頓」の違いを理解していますか？**

「整理整頓しましょう」や「3S（整理・整頓・清掃）の徹底」と、お題目のように社内のいたるところに掲示している会社はたくさんありますが、社長自身が「整理」と「整頓」の違いを理解していない中小企業も多くあります。

それでは、社員に対し、具体的な指導はできません。

・要るものと要らないものを分け、要らないものを捨てるのが**「整理」**
・要ると判断したものを、とり出しやすく戻しやすくするのが**「整頓」**

それぞれ、対象場所と期限を決めて取り組むべきです。

このように、経営改善計画書は一つひとつの記入に深刻にならず、**よい意味で全体を整理整頓して軽く流しながら、徐々に詳しく記載する**ことで実現可能性を高めた内容にしていきます。

一日中、パソコンの前に座って経営改善計画書を書くよりも、一日一ページと決めて書くことも意外に効率的です。なぜなら、そのような行動特性になると、いつの間にか、移動中の車中でも頭の中で経営改善計画書のことを考えるクセがつくからです。

たとえば、私が経営改善計画書作成をコンサルティングする場合、前述のような合宿形式にすることもあれば、毎週1回定期的に訪問し、

「先日実施した社員アンケートの結果をもとに、来週までに自社の『強み』についてさらに3項目追加してみましょう」

「来期の売り上げ目標、○万円についてですが、製品別に分けるとどのようになりますか？　営業部長と今一度意見交換して、次回訪問時までに叩き台となるような『製品別売上目標』を一覧化しておいてください」

といった「次回までの宿題」を明確化し、社長とキャッチボールを続けながら全ページをどんどん具体化していきます。

そして、少しずつ記入が進むごとに全ページを印刷し、大きな机の上に並べて全体を見回してみると「どのページがまだ書けていないのか？」「どの項目に社長自身の想いが入っていないのか？」が見えてきます。

（7）【手法その2】わからないこと、書き出しにくいことは人に聞く

（6）の様な方法をとっていても、やはり書きにくい項目は出てきます。

その場合は、地元の**商工会議所**や**地域中小企業支援センター**（巻末資料参照）に出向き、経営相談員にその都度内容を見てもらいながら、自分がどこで行き詰まっているのかを具体的に説明してアドバイスを受けましょう。

多くの場合、経営相談員や登録されている専門家が企業に来てもらう場合は「有料」ですが、企業側が自ら出向いて窓口で相談する場合は「**無料**」です。

決して、本やインターネットで「書き方の模範解答」を探そうとしないでください。

時間ばかりが過ぎ、深みにはまるだけです。

ただし、「本でも情報を得たい」ということであれば、たとえば、ＳＷＯＴ分析で外部環境の現状や変化を書く場合、『**業種別審査辞典**』（社団法人 金融財政事情研究会発行）が有効です。この書籍は、商工会議所によく置いてありますし、金融機関の融資担当者も

この書籍を参考にして、業界の全体像を掴むことがよくあります。

そのため、ＳＷＯＴ分析で自社をとり巻く外部環境の機会（Opportunity）と外部環境の脅威（Threat）を抽出することで、まずは金融機関の視点と同じ視点に立つことができるのです。

とはいえ、これも全体の一部にしか過ぎません。いずれにしても、経営上の課題・資金調達等に関しては、地元の商工会議所や中小企業支援センターを活用するのが得策です。

なお、商工会議所や地域中小企業支援センターの経営相談員にアドバイスをもらうメリットは「**業界の素人の視点**」です。

金融機関の融資担当者は、皆さんの会社のことを「融資」という観点でできるだけ理解しようと努めますが、やはり限界もあります。

一方、商工会議所や地域中小企業支援センターの経営相談員は、経営の専門家ですが、業界の専門家ではありません。

彼らのような経営相談員から、

「この商品やサービスの特徴を一言で言うと、何ですか？」

「この商品は、なぜこの分野のお客さんにだけ販売しているのですか？」

「このサービスを受けたお客様は、どんなメリットがありますか？」
といった素朴な質問を受けることで、わかりやすい言葉で経営改善計画書に記入すること
が、金融機関の融資担当者にとって大変ありがたいことだと実感します。

実際に、著者が信用保証協会で職員研修をした際、職員の方から、
「製造業は、どのような原材料を買い、どのように加工や組み立てをして、何を作り誰に
売るか、といったことが比較的わかりやすい。しかし、特にＩＴ関連企業などは、何をや
っているのか、どのようなサービスを提供しているのかがわかりにくいことが増えてき
た」
という発言がありました。

このことから、業界以外の専門家の商工会議所や地域中小企業支援センターの経営相談
員と同様に、金融機関の融資担当者にも理解してもらうには、一工夫が必要なことがわか
るでしょう。

このように「人に聞く」ことをうまく活かすも活かさないも、あなた次第なのです。

（8）【後は書くのみ】いろんなセミナーを聞きに行くのはしばらく封印する

勉強好き、セミナー好きの社長は多くいます。

それ自体は、大変よいことです。

仮に2時間程度のセミナーでも、往復の移動時間を含めるとゆうに半日はかかるでしょうが、

「これだけ時間とお金をかけた分、元をとってやろう」と意気込む気概も、とても理解できます。

しかし、**セミナーを受けることで「勉強した」と安心し、実践に移せていない方が大半**ではないでしょうか。

たとえばある商工会議所で、私が中小企業経営者に対してコンサルティング事例を紹介する「経営改善事例紹介セミナー」の講師を務めたときの話です。

セミナー後にいつものようにアンケートを実施したところ、あるアンケートに「他の会社も同じだと安心した」とあったのです。

たまたまセミナー終了後に、この方と会って詳しく話を聞くと、今回の事例企業の「優れた人材がいない」「資金不足」「他社と差別化できるたいした商品もない」といったことに対して、「自分の会社も同じ。だから経営は難しい」と解釈して、ここ数年は何ら経営改善の取り組みをしていないようでした。

いかがですか？

もし、ここまで読んで、

「よし、経営改善計画書を書いてみよう」

と決心したのでしたら、各種セミナーを受講することは、しばらく封印しましょう。

せっかくのチャンスです。その気持ちを抱いたまま、経営改善計画書作成に集中しましょう。

社長。**あなたの優先順位はどちらですか？**

コラム　すばらしき経営者　その3「一日の時間を記録するE社長」

プラスチック製品の製造業を営むE社長は、朝7時から夜10時までの1日の時間を、30分間隔でノートに記録しています。

そして、

・青＝営業関連の業務
・緑＝工場関連の業務（仕入先との打ち合わせ等の購買業務を含む）
・黄＝経営全般（金融機関とのやりとりを含む）
・赤＝自己啓発
・オレンジ＝教育・採用

とマーカーで色分けしています（上記に該当しない業務その他は、白地のまま）。

ノートの1ページを1週間としているので、後日振り返る際に、1週間全体の時間配分が明らかです。

また、1週間単位で各所要時間を集計し、数値としても確認しているそうです。

このような記録を始めたキッカケは、業界の組合で以前から知っている先輩社長が、同じ様なことをやっていたからだそうです。

Ｅ社長によると

「それまでは、急ぎの現場対応などバタバタとした一日が繰り返すばかりで、振り返ると会社の仕組みも自分自身の知識も、社長業を引き継いでから何もレベルアップしていないことに、強い危機感を抱いた」

そうです。

また先日、

「経営者は、時間の使い方のバランス感覚が大切です。たとえば、教育のように重要度は高いけど緊急度の低いことが、後回しにならないように気をつけたいです」

とも言っていました。

継続のコツは、

・5分や10分の誤差は、気にしない

・夜にまとめて記入しようとすると、午前中のことを忘れてしまっていることもあるので、少なくとも、昼と夕方（もしくは夜）の2回記録する

とのことです。

第5章

資金繰りが
うまくいかない
のはナゼか？
儲からない会社
の特徴

「いや〜、よかったよかった。これで、今度の融資のメドがたちそうです。本当にありがとうございました」

高島は、深々と頭を下げた。

「いえ、とんでもないです。社長の熱心さには感服しました」

小田は、高島の姿勢にただただ恐縮した。（これで、手続き上は何とかなるだろう。しかし……）

次の言葉を切り出す前に、高島は、

「よしっ、そうと決まったら、早速これから川口さんに電話して、経営改善計画書の作り方を教えてもらうとしますか」

と、早くも行動に移そうとしていた。

小田は慌てて、

「ちょっ、ちょっと待ってください、社長！」

「ん、どうしたんですか？」

虚を突かれたのか、高島は怪訝《けげん》な表情を浮かべた。

「実は、社長。融資を受ける前に、お伝えしなくてはならないことがあるんです。それは……」

「それは……？」

「はい。この会社、高島印刷が融資を受けるだけで将来的に安泰なのか、今一度社長に確認をして頂きたいのです」

「というと？」

「ポイントは、いくつかありますので一口には言えないのですが、もう少しお時間を頂けますか？」

「ええ、もちろんです」

「わかりました。ではここからは、私が見てきた『儲からない会社の特徴』について、お伝えしたいと思います」

「それは、穏やかではないな。聞きたいような、聞きたくないような……。でもとにかく、宜しくお願いしますよ」

◇まずは、再確認

私は経営コンサルタントとして、日々多くの中小企業の社長と会っています。

社長は皆、どれくらい儲けたいかは別として、「儲かりたい」「資金繰りを円滑にしたい」と思っています。

しかし不思議なことに、資金繰りがうまくいかない会社には、儲かりたいという想いはありながら「**儲かることをやっていない**」という特徴があります。

儲かることをやらずに、儲けることができないのは当然です。

儲かることをやらずに「おカネを貸してほしい」という社長を、金融機関が信じると思いますか？

儲からない会社には、いくつかの共通点が見られます。

今から挙げる項目に自分の会社が該当していないか、次ページでチェックしてみましょう。それから、各項目について詳しく見ていきます。

図1 「儲からないことをやっていないか?」チェックシート

- □ （1）儲かるサービス、儲かる商品が把握できていない
- □ （2）運転資金を毎月借り入れて返済すること（月次借り換え）を、当然だと思っている
- □ （3）経営課題の根本解決が、できていない
- □ （4）社員への「報連相」が、徹底されていない
- □ （5）社長が現場ばかり回っても、許される雰囲気がある

あなたの会社は該当しませんか!?

（1）儲かるサービス、儲かる商品が把握できていない

自分の会社は、どのサービス、どの商品で儲かっているか、社長も社員もパートさんも皆が理解できていますか？

「売れているか」ではありません、「儲かっているか」が重要です（図2参照）。

会社の存続は、売り上げでは決まりません、儲けで決まります。

儲けは、売り上げから原価を差し引いたものです。

少なくとも、サービス別や商品別の売り上げは把握していると思いますので、儲けを知るには、サービス別や商品別の原価を知る必要があります。

しかし、サービス別や商品別の原価をこれまで把握していなかった企業が、一から原価計算の仕組みを作るのは結構大変です。

そこで、まずは**顧問の税理士さんに、サービス別および商品別の原価計算の考え方や具体的な計算方法について聞いてみる**ことをおススメします。

以前、ある中小製造業で、簡易的な製品別原価計算の仕組み作りを支援したのですが（図3参照）、

図2　自分の会社は…

どのサービス、どの商品が

売れているか

ではなく、

どのサービス、どの商品が

儲かっているか

が重要

「もっと早く、製品別原価計算のやり方を知っていればよかった。ようやくこれで、どの製品で儲かっているのがわかるし、お客さんとの値段交渉もやりやすくなる」と言っておられました。

この会社では、何名かの営業マンがいるのですが、各々が勝手な判断で顧客と売価交渉することが通例となっており、交渉段階で社長に「報連相」をすることもなく、受注してからようやく売価が社内で共有されていました。

また、製品別の原価を営業マンが把握していないため、場合によっては原価割れで受注してしまうことも頻発していました。

このような会社は、意外に多くあります。

しかし、**右肩上がりの市場環境は終わった**のです。

儲かるサービス、儲かる商品の把握ができていないだけでなく、販売も製造も仕入れも何もかも、経営全般において数値で計画および管理することから逃げて、感覚で物事を進めていては、中小企業といえども資金繰りが回るはずがありません。

図3　製品別原価計算表

資料名：製品別原価計算表
製品：○○
期間：2008年○月

※全製品（もしくは主要製品）のこの表の集計と「決算書の製造原価報告書」との整合性を要確認

（1）投入

費目			月初在庫 (A)	期中仕入数 (B)	月末在庫 (C)	消費数 (A+B-C)	単位	単価	金額	備考
原材料費	主材料費		500	200	600	100	kg	¥600	¥60,000	醤油や砂糖など、瓶や袋単位での使いきりではないと思うため、「3.5本相当」や「4.5袋相当」使ったという実績を入力することが実際の運用として適当と考えます。
	副材料費		20	5	22	3	本	¥1,000	¥3,000	
			5	3	4	4	袋（○kg入）	¥1,000	¥4,000	
			3	1	3	1	袋（○kg入）	¥1,000	¥1,000	
			10	6	10	6	L	¥1,000	¥6,000	
			3	2	2	3	袋（○kg入）	¥1,000	¥3,000	
								小計	¥77,000	
包装品費	包装資材費		30	10	40	0	箱	¥6,000	¥0	
			50	20	40	30	箱	¥10,000	¥300,000	
								小計	¥300,000	
保管料									¥100,000	他の製品と一緒に保管している場合、この製品の分を配賦
水道光熱費									¥100,000	生産量等に応じ、この製品の分を配賦
運賃									¥120,000	他の製品と一緒に運送している場合、この製品の分を配賦

費目		作業	時間	単位	単価	金額
労務費	賃金	加工	120.5	時間	¥1,000	¥120,500
		組立	50.0	時間	¥1,000	¥50,000
		検品	10.5	時間	¥1,000	¥10,500
		出荷	10.0	時間	¥1,000	¥10,000
					小計	¥191,000

他の製品と一緒に作業している場合、「工数表」をもとに、この製品の分を配賦

投入合計　¥888,000

（2）出来高

		月初在庫 (A)	期中仕入数 (B)	月末在庫 (C)	出荷数 (A+B-C)	単位	単価	金額
製品	製品1	100	300	150	250	ケース	¥3,200	¥800,000
	製品2	80	200	100	180	ケース	¥3,520	¥633,600
	製品3	120	100	100	120	ケース	¥3,200	¥384,000
	製品4	50	30	60	20	ケース	¥3,000	¥60,000
							出来高合計	¥1,877,600

（2）運転資金を毎月借り入れて返済することを、当然だと思っている

仮に、支払いは毎月10日、入金が月末に集中する場合、現預金の余裕がない企業では、10日時点の支払い用に金融機関から一時的な借り入れをし、月末の入金後に金融機関に返済をする、といったことを恒常的に繰り返している場合が多くあります。

このやり方は、毎月の入金がある程度安定している場合には機能しますが、売上減少などの理由で入金が少なくなってきたり、去年と同じだけ売れるはずと在庫を積み増ししたりしてしまうと、月末の金融機関への返済がその月の入金ではまかないきれず、翌月の入金との合算で返済するという事態となり、さらにその事態も恒常化してしまうということになってしまいがちです（図4参照）。

ケミカルシューズを製造販売するK社は、以前は年商が10億円近くあり、それなりに資金繰りも回っていましたが、安価な中国製品に押されるなど経営環境の悪化で、年商5億円まで落ちこんでいました。

正社員をパート社員に切り替えたり、より安価な原材料を韓国や中国から調達したりす

図4　運転資金を毎月の借り入れで返済する仕組み

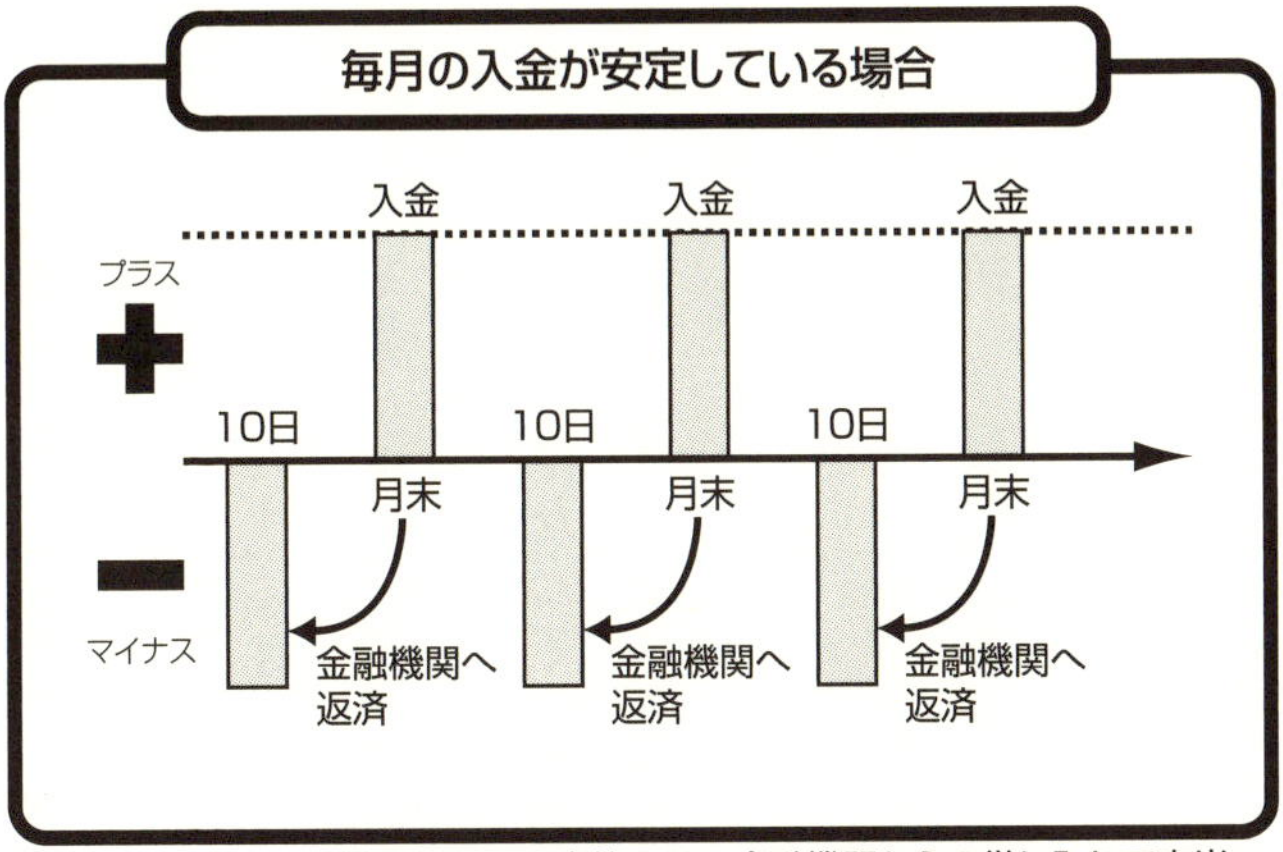

※毎月10日の支払いは、金融機関からの借り入れで充当

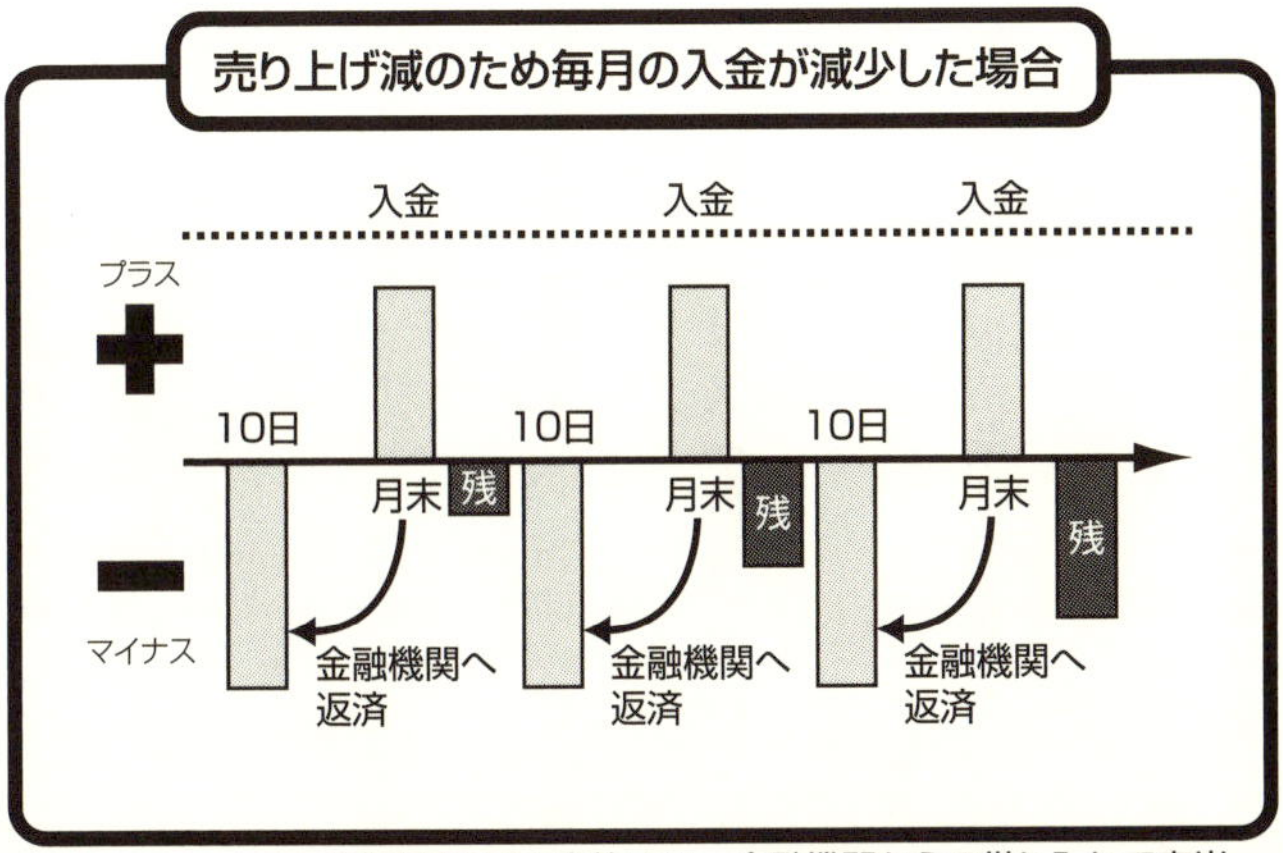

※毎月10日の支払いは、金融機関からの借り入れで充当

るなど様々な努力をしていますが、加速度的な売り上げ減で資金繰りが益々厳しくなっていきました。

金融機関への返済についても、何度か返済繰り延べをすることでしのいでいます。

このような事態となると、社長は日々の資金繰りで頭が一杯になり、社長として本来やるべき他のことに気が回らなくなります。

そのため、**塩漬けになっている遊休資産の早期売却**などにより、当面の資金繰りを改善することを真剣に考えて実践しましょう。

仮に、数年先ではなく数ヶ月先の資金繰りが厳しい場合は、**リスケジュール**（リスケ）を金融機関に依頼しましょう。

リスケジュールとは、債務の返済が困難になった場合、一時的な返済ストップや毎月の返済金額の減額（返済総額は変わらず返済期間が延びる）など、返済条件の変更を金融機関に依頼し、協力を求めることです。

リスケジュールを依頼するには、現在の資金繰りの状況や具体的かつ現実的な今後の返済見込みを示した資料などが必要ですが、一時的でも毎月の資金繰りから社長の頭が解放され、その分は社長業に専念できる効果があります。

短期的な売り上げ増が見込みにくい状況では、そうした対策を練らないままですと、**いつまでたっても社長は本業の方に目がいかず、状況は少しも改善されません。**

（3）経営課題の根本解決が、できていない
～モグラ叩きの連続

儲かっていない会社では、「お客様クレーム」のような社外に対し顕在化した問題や、お客様にはわからなくても社員が問題と思っていること（意外にこれが多い！）に対し、「時間がない」「対策のおカネがない」といった、**その場しのぎ**をすることが多く見られます。

その結果、同じようなクレームや問題が繰り返され、**対策にかける「労力」という、見えないおカネ**が出て行くのです。

特に社歴が長い企業では、人間でいう「生活習慣病」のように様々な根深い問題が多くあります。

これらの問題に対し「本来はどのような業務であるべきか」「おカネを大してかけなく

ても実施できる改善策はないか」と、社員と一緒に知恵を出し合い実行してみることが大切です。

アルミ関連製造業D社では、これまでは図5（A）のように、一片のアルミシートから24個の円型アルミを金型で打ち抜いていました。

そこで、製造現場の従業員に改善活動に取り組ませて、図5（B）のように同じシートから25個のアルミを打ち抜くことができるように改善したのです。

打ち抜いたアルミの強度など、何ら問題はありません。

一時的には、新規金型の費用がかかりましたが、約1年で回収できる試算です。

改善後に、現場の皆さんと話をすると、

「こんなことは、元からわかっていました。でも、うちの会社では自分たち現場に改善を求めないし、**余計な仕事を増やしたくないから**提案しなかっただけです。他にもアイディアはありますよ」

とのことでした。

一つひとつの仕事に対し「この仕事はこんなもの」と思ってしまうと、何も進歩しません。

図5　アルミシート片型抜きの効率化

(A)従来の型取り

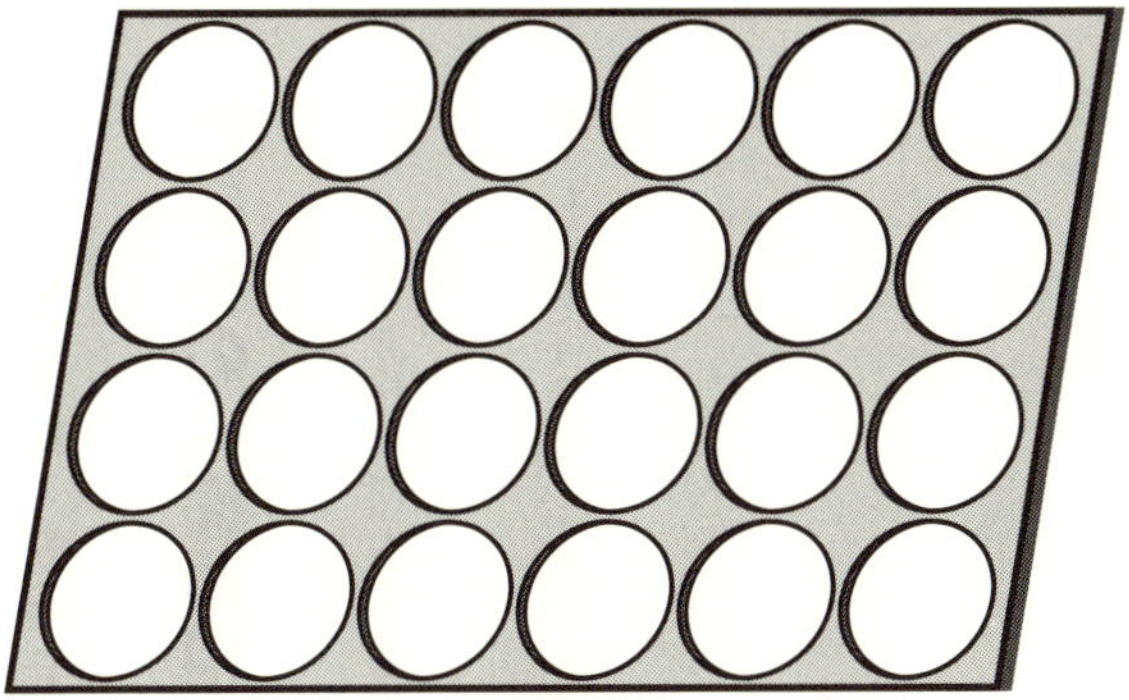

計24個

(B)改善後の型取り

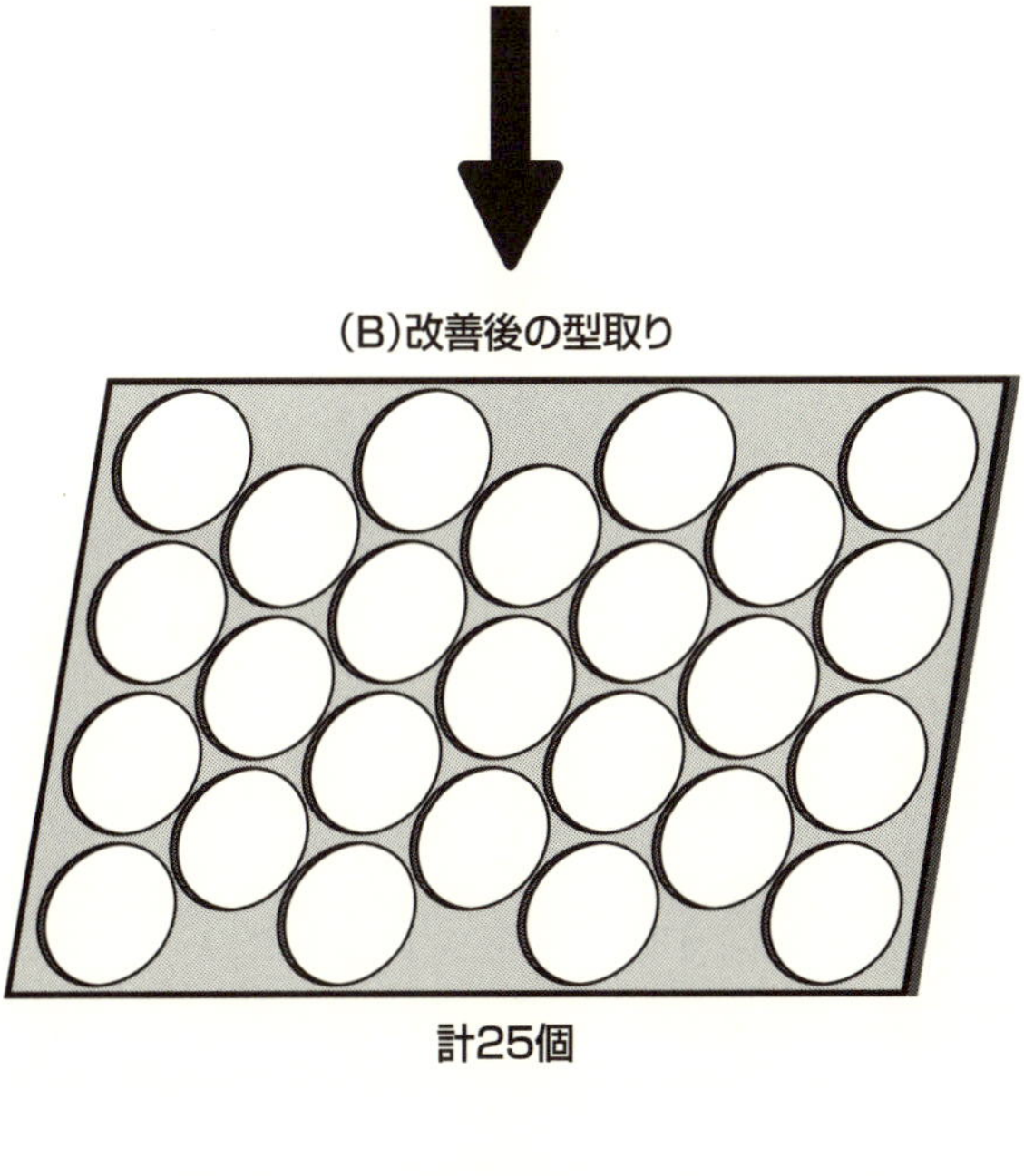

計25個

社長自身が、まずは、日々新たな気持ちで経営改善に取り組むことが先決です。

(4) 社員への「報連相」が、徹底されていない

社員に対し、「報連相(報告・連絡・相談)」を常に心がけてほしいと思っている社長が多くいます。

一方、「社員に対する報連相」ができていると、自信を持って言える社長がどれ位いるでしょうか。

「社員への報連相」ができていない会社は、20人規模の中小企業であっても、部門間の「横の連携」や上司・部下の「上下の連携」が希薄になってしまい、会社として儲かってはいません。たとえば、社内には

「同じ部署Aさんとは、仕事上のやりとりはするけど、性格が違うのでそれ以上のプライベートな話などはしたくない」

「隣の部門のBさんとは、直接仕事でやりとりすることはほとんどないけど、話も合うの

で、よく雑談する」といったように、**「組織とは異なる人的なつながり」**が中小企業でも自然発生的にできます。

こうなると、情報としては小さいけれども、先々の大きな売り上げやクレームにつながる重要な顧客情報などが部門内で共有されず、共有されたときにはすでに手遅れで、とり返しのつかない状況になっていることがよくあります。

そのため、改めて報連相を徹底させるために、現状の問題点と改善点を集約する必要があります。

たとえば、コンサルティングをしたある企業で、社員アンケートの結果によるものを次に挙げました。

【社員の意見・要望】

・会社としての毎年の利益が、どれ位あるのか知りたい
・社長が、この会社を今後どうしたいのか教えてほしい
・他社との競争が大変厳しい。5年後、この会社が存続しているか不安

・クレーム対応が、常に後手になっています。一度、会社としての対応を考えてみてはどうでしょうか？

このように、社員は会社全体のことや社長の経営に対する考えに興味を持ち、詳細を知りたがっています。

年始の集まりだけでなく、毎日の朝礼などに、会社が今後目指す姿や社長が考えている方向性について、**具体的かつわかりやすい言葉で**社員に繰り返し伝えましょう。

（5）社長が現場ばかり回っても、許される雰囲気がある

当然ながら、社長も人間です。

何らかの得手不得手は、必ずあるはずです。

たとえば、父親が社長として会社全体のことに目配せしている間は、後継者である息子は、営業や製造など自分が得意とすることだけを、目一杯やっても何ら問題はありません。

しかし、社長が引退して実質的に事業継承した後は、新社長として自分の得手不得手に

関わらず、**会社全体に目配せができないと、会社は儲かりません。**

それにもかかわらず、ある中小製造業では、社長が製造現場に入ることが好きで、夕方には疲れて会社の今後を考えたり、周囲と意見交換したりする心の余裕も身体の余裕もないまま、日々が過ぎていいます。

このような会社で、仮に社員が辞めて一時的な人手不足になった場合、比較的優秀な社員をすぐに雇うことができる大手企業と異なり、社長がピンチヒッターとして現場に入ることも多々あるでしょう。

それはそれで構いません。その日の生産が大切ですから。

しかし、人員確保や生産性向上により、状況を何としてでも打開するという強い意志を持っていないと「従業員ひとり分の人件費が浮いた」という**目先のコストダウンに捕らわれて社長が本来の社長業をやらずに、結局、儲からない会社になってしまいます。**

現場が好きな、もしくは一社員の役割の代わりに現場に入ることが多い社長さん、気をつけましょう。

このように「儲かることやっていない」特徴を改めて把握し直すことから、全ては始まります。

そして、今までとは違う姿勢で全社的に取り組むことで、金融機関も「この会社と一緒に儲けたい」と近づいてきます。

コラム 「徹底」という言葉の危うさ

「従業員の皆さん、○○の徹底をお願いします」

「申し訳ありません。社内に徹底しておきます」

など、「徹底」という言葉をよく耳にします。

徹底という言葉はとても便利です。

社内に対しては「しっかり伝わったはず」と、思いこむことができます。

社外に対しては「とりあえず、真摯な態度を示した」ように見せることができます。

大切なのは、**「徹底」という言葉に続く業務への落としこみの有無**です。

再発防止を本当に願うのでしたら、以下のような確認を行うことで業務への落としこみを実践しましょう。

◆確認その1　守るべきルールや基準の明文化

守るべきルールや基準は、明文化されていますか？

そもそも徹底するためには、何を徹底するかが明確でないと意味がありません。

中小企業では、コンピュータ操作能力や文書作成能力が大手企業ほどではないため、諸連絡も含め、業務上必要な書類の文書化が遅れがちです。

まずは、**守るべきルールや基準の明文化**から始めましょう。

◆確認その2　明文化されたルールや基準の掲示

明文化されたルールや基準は、従業員の目につく場所に掲示されていますか？

守るべきルールや基準は、経営者や管理者だけが知っていても意味がありません。

その種類にもよりますが、「チェックリスト」や「管理表」として業務に活かされているかを確認する必要があります。

何年も前に掲示した黄ばんだ紙は、この機会に一新しましょう。

◆確認その3　守るべきルールや基準の落としこみ

「守るべきルールや基準を守らないと、企業としてどのようなリスクを抱えているのか？」

社長だけでなく従業員も自分自身の言葉として、発することができますか？

理解できていないルールや基準は、いつの間にか運用がなおざりになります。

ルールや基準を守らなくても何も問題ないのでしたら、意味がありません。

従業員の理解度を確認するには、一方的な指示や通達でなく、**聞き手に自分の言葉で言ってもらうことが一番確実**です。

「このルールを守らないと、どんな問題が起こると思う？」

と尋ねてみましょう。

これも**教育**です。

「徹底」という言葉に、安易に頼らないようにしましょう。

第6章

金融機関に
好まれる
社長、
嫌がられる
社長

「ふ～。いや、まいったまいった」

高島は、深いため息をついた。

「社長。いかがでした？」

「いや、『儲からない会社の特徴』（第5章）は、本当にウチにあてはまりましたよ。特に『報連相』や『社長が現場ばかり』というのは、話を聞いていて耳が痛かったです」

高島は、本当に正直な人物である。

「そうですか。それはお話してよかったです」

（やはりそうだったか……）と小田は、高島印刷の現状に薄々感づいてはいたが、高島本人に気づいてもらったことが、何よりの収穫だった。

しかし、もう少し話さなければならないことがある。

「あの、それでですね。大変申し上げにくいのですが、もう少しお伝えしたいことがあるのですが……」

恐る恐る小田は切り出した。

「ん？　まだ他にもあるんですか？」

いささかげんなりした表情で、高島は答えた。

「はい、社長ご自身のことなのですが……」

「なんと。う～ん……わかりました。せっかくのいい機会だ。宜しくお願いします」

高島は、深々と頭を下げた。

その態度に小田はかしこまり、

「はい。こちらこそ、宜しくお願いします」

と答えるのだった。

(1) 金融機関に好まれる社長

ここでは、金融機関の担当者と社長が交渉する場に同席した私の経験などを踏まえ、融資担当者から「好まれる社長の姿勢」を5つ挙げます。

①マイナス情報も隠し事なく正直に伝える

金融機関は、不意な「バクダン」を嫌います。「バクダン」とは企業にとっての大きなマイナス情報のことです。

それは、「大口の入金が遅れる」などのおカネの面だけでなく、「顧客からのクレーム対応が意外に長引き、業界内でも噂として広まっている」といった、おカネ以外の面も可能な限り、その現状と対策を金融機関に伝えることが重要です。

それにより、

「えっ、そんな事態がもう半年も続いているんですか⁉」

といった驚きを与えることや、無用な不信感を高めることは避けられます。

もちろん、何でもかんでも金融機関に伝える必要はありません。

しかし、これまで述べたように、金融機関はより一層財務情報以外のことにも目配せするようになった事実をしっかりと認識してください。

そして、**これまで以上に情報開示を進めること**を意識して、実践しましょう。

②切羽詰った依頼をしない

たとえば、毎月末に金融機関に一定額を返済している企業が、大口の入金が遅れたり、予期していなかった多額のクレーム対策費が発生したりなど、何らかの理由で今月の返済が延滞しそうになった場合、わかった時点ですぐにその金融機関へ電話を入れましょう。

もし時間があれば、金融機関としても何らかの対策を行ってくれる可能性が高まりますし、逆にそうしないと月末の多忙なときに、融資担当者は支店内稟議や本部稟議で大変なことになってしまうからです。

「うち（A信用金庫）としても、融資先企業が潰れてしまっては貸し倒れになってしまうので、自分が担当の間は最悪の事態は何としても避けたいです。それでも、何度となく切羽詰まった依頼をされると『どうしてもっと早めに言ってくれないのか』といつも思うんですよ」

と、ある担当者が言っていました。

融資先企業の倒産や信用不安を避けたい金融機関としては、一度や二度は何とか対応してくれたとしても、**その企業に対する担当者の心象は、間違いなく悪くなります。**

③経理担当者任せにしない

年商10億円規模の中小企業では、社長の右腕となる経理課長や経理部長といった経理担当の役職者がよくいます。

社長としては、このようなおカネの面で信頼おける担当者がいることでより本業に専念できますので、日々の資金繰りや金融機関とのやりとりは、経理担当者に任せても構いません。

しかし、「**融資交渉**」といった金融機関との大切な交渉では、経理担当者に任せきりにしないようにしましょう。

社長が直接交渉の場にいることで金融機関の心象はよくなりますし、**何より金融機関は、社長自身の言葉を聞きたい**からです。

にもかかわらず、交渉の場で社長自身の言葉が必要な側面だけでなく、自社の資金繰りを含めた財務状態をしっかりと把握できていない二代目、三代目社長が意外に多くいます。

先代社長から、しっかりと財務について学ぶことを疎かにしたまま事業継承した結果、資金が回っている間は経営改善に手をつけなくても何とか会社は続いても、経営が厳しい状況のときには財務の視点で改善ができません。

実際、中部地方の食品関連のある中小卸会社の場合、父親の代では年商20億円ありましたが、二代目のときに年商が半分以下となり、結局、廃業となりました。

これは、二代目が地元の若手経営者団体活動にのめりこみ、仕入れ先の見直しや事務処理の改善、赤字商品の見切りなど、財務面で様々な改善の余地がありながら何ら手を打たなかったつけが、廃業という結末になったのです。

④自分や自社が頑張っていることを、具体的かつ整理して伝える

社長がいくら口頭で
「社業に頑張っています」
と言っても、金融機関の担当者から見ると、多くの融資先企業のひとつにすぎません。それぞれの企業の状況を、こと細かに金融機関内部の報告書として書いてもらうことは難しいと、容易に想像がつきます。

Ａ4用紙一枚程度で構いませんので、「弊社の現状と今後の取り組み」を予《あらかじ》め書いておき、担当者と会う際に手渡すと、担当者としてはとても助かるだけでなく、「あっ。この社長は、自社のことを整理して金融機関に伝えようとしている」と**プラス評価になります**（図1参照）。

建設資材関連のレンタル業で、こんなことがありました。

金融機関の担当者がこの会社に訪れ、優秀な営業マンでもある社長と話をしている所に

私も同席したときのことです。

社長は、業界や顧客の動向といったことから、自分がいかに営業で顧客事務所や建設現場に朝から晩まで足しげく通っているかを、1時間近くほとんどひとりでしゃべっていました。

それはそれで興味ある内容で、参考になる話でした。

しかし金融機関は、社長の雑談にばかりつきあってはいられません。

話も終わり、社長室から社長が慌ただしく出て行った後、金融機関の担当者が「ほとんど毎回、こんな話ばかりなんです。こちらからお願いしている資料もなかなか提出いただけなくて」

と困った顔で言っていました。

金融機関は、「今後の融資姿勢をどうするのか」という**経営全般について判断できる材料が欲しい**のです。

⑤開き直らずに、夢を伝える

業績が悪くても、金融機関の担当者に対して、

図1　現状と今後の取り組みの例

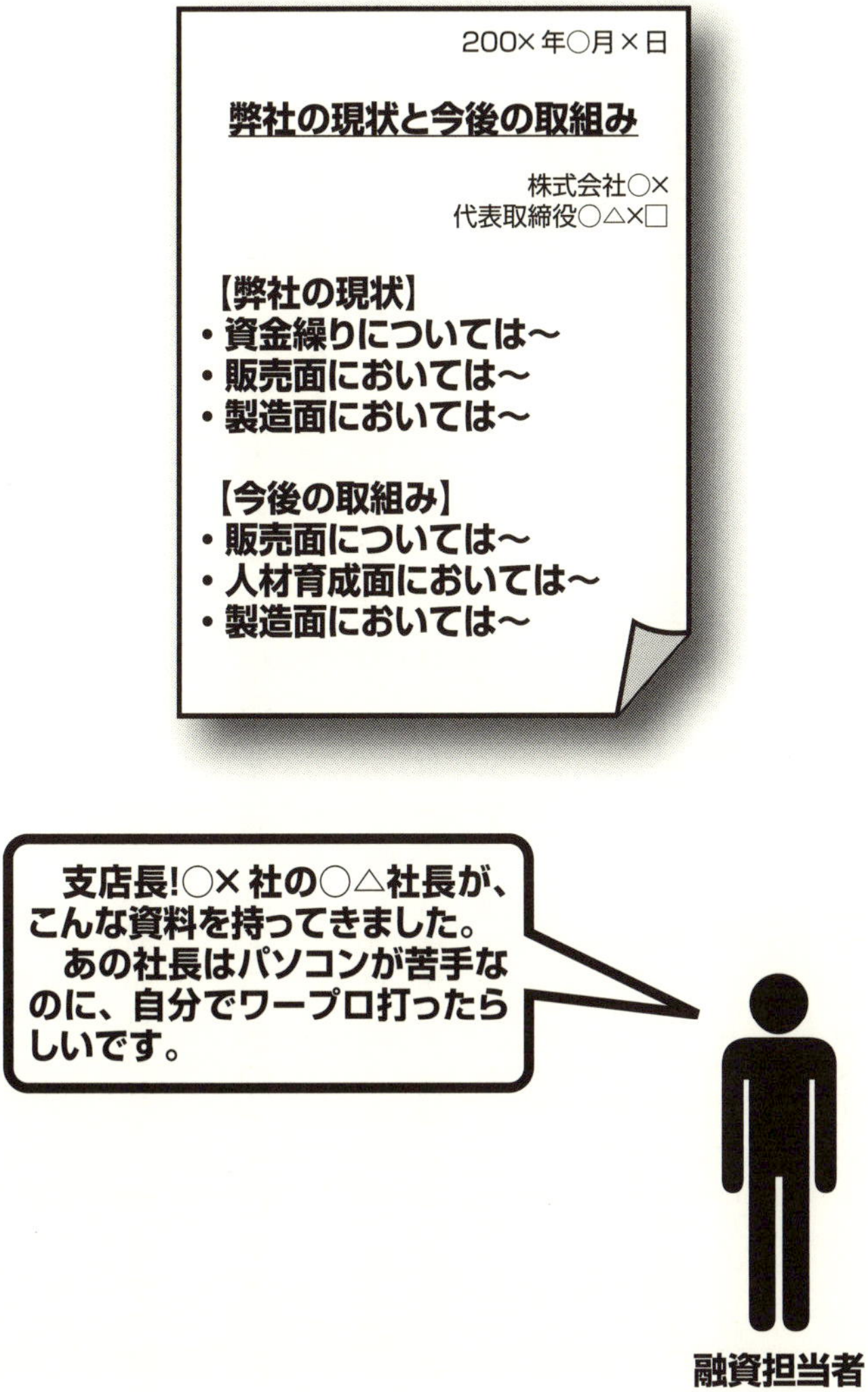
200× 年○月 × 日
弊社の現状と今後の取組み
株式会社○×
代表取締役○△×□
【弊社の現状】
・資金繰りについては～
・販売面においては～
・製造面においては～
【今後の取組み】
・販売面については～
・人材育成面においては～
・製造面においては～
支店長!○× 社の○△社長が、こんな資料を持ってきました。
あの社長はパソコンが苦手なのに、自分でワープロ打ったらしいです。
融資担当者

「しゃーないよ。他の会社もどこも厳しいし、業界全体が厳しいから」と開き直らないようにしましょう。

開き直っても、何の得にもならないどころか、前向きな姿勢が見られずに**マイナス評価**となります。

金融機関としては、**業績が悪いなりに地道な企業努力を、どのようにやろうとしているのかを聞きたい**のです。

「仕入れ材料の相見積もりの再度の実施」や、「事務作業の見直し」、「平日の残業を遅くとも7時までとした残業手当の削減」、「社員に配布している業務用の携帯電話の契約プランの見直し」、「ホームページのレンタルサーバー会社を安価な会社へ変更」、「様々なツテを頼った新規顧客開拓」など、地道な方法はたくさんあります。

特に**新規開拓**は、大変有効です。

新規開拓に取り組むことで、「自分の会社は何ができるのか」をあらためて整理でき、パンフレットやホームページ、名刺デザインの見直しにもつながり、また社長の行動パターンも積極的に変わらざるを得なくなるからです。

その結果、「プラスの思考とプラスの行動」にサイクルが回り始めます。

一方、創業社長は何らかの夢を抱いて創業したはずです。その夢を金融機関に伝えてください（ただし、くどくならない程度に）。実現可能な夢を抱く社長に対して**融資担当者は、その実現のお手伝いを資金面でしたい**のです。

二代目経営者の場合、子供の頃から先代の経営を間近で見てきて、顧客や取引先を大切にするといった「変えない」部分と、経営の意思決定のスピードアップといった「変えるべき」部分を見極めながら、二代目経営者としての夢を抱き、その**夢を金融機関に伝えてください。**

（2）金融機関に嫌がられる社長

ここでは先ほどとは逆に、融資担当者から「嫌がられる社長の姿勢」を5つ挙げます。

①市会議員など有力者からの口利き

市会議員など、「地元の有力者からの口利き」により融資を受けたいと考える経営者が、まだ根強く存在することに驚かされます。

しかし、それに対して

「そんな口利きがあっても、融資審査にはまったく関係ありません。無意味です」

とはっきり断言する金融機関の担当者がいることに注意してください。

融資担当者からすれば、「融資を受けたい」という社長の想いをしっかりと受け止め、資料を準備して支店内稟議や本部稟議を通そうと、一生懸命頑張っているのです。

それにも関わらず、自分が知らないうちに、社長から依頼を受けた○○先生からの一言で融資が決まってしまうとしたら、どう思うでしょうか?

とても残念に感じるでしょうし、「自分の努力は認められない」と思い、その会社のために力を注ぐことはなくなるでしょう。

その結果、表面上のおつき合いとなってしまうにちがいありません。

もし、「有力者からの口利き」を試みようとするのでしたら、その後、担当者へのお願いは一切できないことを肝に銘じ、**最終手段だと思ってください。**

②税理士や中小企業診断士などの士業を連れてくる

私自身の苦い経験のひとつです。

5年前に独立した当初、口下手な社長のために金融機関との交渉の場に自分も同席したときの話です。

私は、社長の代弁者として自分が喋ることが、社長のためにも企業のことを詳しく知りたい金融機関のためにもなると信じ、そのように行動していました。

しかし、金融機関の担当者から

「私どもが聞きたいのは、コンサルタントの言葉でなく、社長自身の言葉です」

と聞いて以来、社長と金融機関との交渉の場には金融機関からの依頼がない限り、基本的に同席しないことにしています。

そのため社長と一緒に事前準備をしっかりした上で、社長が交渉や説明で支店に向かう際は、支店近くの喫茶店などで時間をつぶし、交渉が終わるのを待っています。

そして、交渉を終えた社長から内容を聞き、

「やっぱり、あの点を銀行さんは気にしていましたか。早速、会社に戻って説明資料を作

りましょう」

といったお手伝いをするようにしています。

このように、金融機関と何度もキャッチボールをしながら、**金融機関の融資姿勢の変化を社長自身が肌で感じとり、**求める資料をより高い精度で作り上げていくことがとても大切です。

③事業計画がズサン

業績好調な企業やそうでない企業など、経営状況にもよりますが、以前作成した事業計画と比べて売上げや利益の実績が少々下回った場合でも、金融機関はあまり社長を責めません。

「経営は生き物であること」「将来は読みにくいこと」を金融機関も重々承知しています。

しかし、計画と実績の差異が大幅に異なった場合、事業計画そのものがズサンだったことは否めません。

仮に「業界全体としての落ちこみ」や「為替レートの大幅な変動」など、何らかの外的要因で結果が大きく異なったとしても、その要因をしっかりと客観的に分析して、新たに作成する事業計画に織りこむ必要があります。

ある企業の経営計画作成の打合せで、金融機関の次長が

「社長、今回提出頂く経営計画は、これまでのような下方修正は一切認められませんので、そこのところはしっかりとご理解お願いします」

と言っていました。

過去をしっかりと振り返らずに、同じ様な事業計画を繰り返し作成することを、金融機関は見過ごしてくれないのです。

④素行が悪く、横柄な態度

儲かっている社長や、金融機関の若手担当者を見くびっている社長に多い現象です。経験豊富な百戦錬磨の社長からすれば、サラリーマン然とした金融機関の若手担当者は頼りなく見え、自分の事業に対する自信から偉そうな言動になってしまいがちです。

しかし、素行が悪く横柄な態度の社長に対し、担当者の心象は当然ながらよくありません。

融資担当者も感情を持った人間です。

企業全体に対して、財務を中心とした融資判断することは当然ながら、社長に対する融資担当者の好き嫌いも、若干ですが関係してきます。

金融機関との約束時間に平気で遅れてくる、遅れて到着してもしっかりとお詫びを言わない、担当者の役職で露骨に言葉使いが異なる、「いいな、あんたはサラリーマンやから毎月お給料もらえて」と担当者にいやみを言う。

こんな社長は嫌われます。

一方、「3年もしたら他の支店に異動するかもしれないけど、この若い担当者を育ててやる」という心意気がある社長は、その担当者だけではなく支店の次長や支店長といった上役からの信頼も厚くなります。

資金面でやはり頼りになるのは、金融機関です。

儲かっていようといまいと、また融資担当者が自分より若かろうとなかろうと、**常に低姿勢で金融機関に対応するに越したことはありません。**

⑤金利が低い方に、取引銀行を次々と換える

一時期の引き締め路線から一転し、金融機関は優良な顧客へは積極的に貸したがってい

ます。この傾向は地域金融機関だけでなく、大手金融機関も同様です。

実際、私の会社にも時々、大手金融機関から、

「○○銀行ですが、今、無担保・無保証人で中小企業向けの○×ローンという商品がございます。お申込書や過去3期の財務諸表など、必要な書類を揃えて頂ければ○営業日で迅速審査しますので、資金が必要な顧問先企業をご紹介頂けないでしょうか」

という電話がかかってきますが、おそらくこのような電話やダイレクトメールは、企業へも直接来ていると思います。

これまで見向きもしてくれなかった大手金融機関から有利な条件が提示された場合、中小企業の社長としてはそちらにココロを傾けてしまうこともあるでしょう。

しかし仮に、有利な条件を提示した大手金融機関から一時的な融資を受けるとしても、それまでおつき合いのある地域金融機関との関係を、簡単に切らないようにしましょう。

中小企業にとって「**いざというときにやはり頼りになるのは、地域金融機関**」の状況は今も変わりありません。

以前、大阪のKという中小企業で資金繰りが厳しいときがあり、資材購買先のH社から

一時的に運転資金を借り入れるという事態になりました。

資材購買先のH社は、このK社が大口の顧客のひとつであり、もしこのK社に万一のことがあると、H社としても経営が厳しくなるという背景からでした。

その際、K社のメインバンクのある地銀の担当者が、週末を使って精緻な資金繰り表を作ってH社へ提示しました。

これにより、H社内部の経営判断で迅速に借り入れが実現したのです。

地域金融機関に比べて大手金融機関は、情報量や金利などの面で有利に立つ場合が多くありますが、**金利だけを見て取引銀行を次々と変えることはやめましょう。**

◇社長から金融機関へアプローチする背景

最後に、社長から金融機関へ働きかける「必要性」について書きたいと思います。

平成10年に銀行持株会社が解禁されたことで、銀行の統合・再編の動きは大きく加速しました。

さらにここ数年、金融機関同士の生き残りを賭け、地方でも金融機関の合従連衡《がっしょうれんこう》（その時々の状況に応じていくつかの勢力が結び合うこと。また、そのかけひき）や、内部の様々な部門で人員削減を含めたリストラクチャリングが進んでいます。

それに伴い、これまで毎月最低一回は担当企業への訪問を行っていた融資担当者が、実質的に企業回りを行う時間的余裕を失い、結果として**企業や地域の情報が激減**しています。

一方、金融機関は金融庁の指導の下、**融資先企業の見極め**もこれまで以上に求められているという事情もあります。

つまり、金融機関と良好な関係を保つには、金融機関に対し企業側、特に**社長が積極的に情報を伝えるしかない**状況となっています。

コラム　すばらしき経営者　その4
「社員に直接関係する所にお金を使うF社長」

製造業のF社長は、資金繰りが苦しいときでも10～20万円を何とか捻出し、事務処理用パソコンや更衣室のロッカー・作業者全員の靴などを順次買い与えています（ちなみにそれまで、現場の作業者は「自前」の安全靴やスニーカーなどを思い思いに履いていました)。

私がF社に行くようになって、丸一年になります。

もう慣れましたが、最初の頃は、訪問するごとに毎回目に見える何がしかの変化があるので、いつも驚いていました。

たとえば数ヶ月前には、社長室と事務所の間のカベをぶち抜いたのです。

本当に驚きましたが、かなり見通しがよくなりました。

おかげで、社長と事務の皆さんとの心理的な距離が、ぐっと縮まったと感じます。


そしてつい先日、昔ながらのスチール製だった事務所のイスを新調しました。

おシャレな事務机は結構高いですが、イスでしたら数千円からでもあり、1万円も出せばかなり座り心地のよいイスを買うことができます。

結局、事務所のイス8つを入れ替えて計6万円ほどかかりましたが、受注担当の方も経理の方もとても喜んでいました。


製造業の場合、現場への遠慮からか事務所の改善は、後回しになりがちです。

ですが、**一日の多くを座って過ごす事務員のイスにも配慮したい**ものです。

第7章

おカネと情熱、
そして
経営の仕組み
経営に必要な
３つのこと

「……いや～小田さんの話を聞いてよかった」

安堵の表情で、高島はホッとした表情を浮かべた。

「えっ、どうしてですか？」

「実は、最近、川口さんからいい返事がもらえないものだから、ここだけの話『取引銀行を変えようか』と考え始めていたんですよ……」

「……そうなんですか……」

（そうだったのか、知らなかった）と小田は、驚きつつも平静を装った。

「でもね、小田さんの話を聞いて、改めなければいけないと思いましたよ」

「それはよかったです」

（社長が実行する前に話しといてよかった……）

「うんうん」

高島は、納得の表情を浮かべた。

そしてつかの間の沈黙の後、小田は、

「それでは、社長。**最後に今後の経営姿勢**につきまして、一言申し上げたいのですが、よろしいでしょうか？」

「はい、もちろんです」

「では、大きく『おカネ』『情熱』『経営の仕組み』の3点に分けて説明したいと思います」

「わかりました。よろしくお願いします」

高島は、小田の次の言葉をじっと待った。

(1) おカネ

社長、あなたの月収、年収はいくらですか？

大阪にある知り合いの中小企業で50代後半の社長は、**月給５００万円**です（年収だと6，000万円！）。

この企業は、ある工業用部品を真面目に作っている製造業です。

会社の年商は約20億円。

「俺は三流大学卒。学生時代は麻雀とアルバイトに明け暮れ、全然勉強しなかった」

父親から経営を引き継いだ後、あることをきっかけとして自分の無知を知り、セミナーで知り合った若手の優秀な税理士から厳しい指導を受け、今では真面目に経営に取り組んでいます（最近は、特に相続対策を勉強しています）。

その結果が、月給５００万円!!

北新地で遊ぶことが大好きな社長です。

年商数十億円規模の中小企業で社長の月給が１００～２００万円というのは、儲かっている会社であればよく聞きますが、さすがに月給５００万円というのはあまり聞いたことがありません。

トヨタや松下といった超大手企業の社長でも年収は数千万円でしょうから、この社長がいかに多額の収入かがわかります。

ところでこの社長は、

「俺はカネ儲けのために会社をやっている」

と社員にも明言しています。

驚く方もいらっしゃるかもしれませんが、中小企業の社長はこれでいいのです。

世の中、カネがすべてではありません。

しかし、おカネが強い動機づけになり、世の中のために なる仕事をしているのでしたら
「**カネ儲けのために会社をやっている**」

と大きな声で言い切って構わないではありませんか！

この社長は、自分ひとりだけいい思いをしているわけではありません。

10年前に比べ、社員の給料を平均1.5倍にしました。

今後は、５年でさらに1.5倍にすることを真剣に考えています。

また社長は、他社で修行を経て最近入社した30歳のひとり息子に、経営のあらゆる面の帝王学を教えています。

60歳を前にして、次の経営を考えて実践しているのです。

儲かっていない会社の社長は、「儲けたい！」「自分の給料を上げたい！」と真剣に思っていません。

あなたの会社は、どうですか？

そもそも「儲かりたい！」という想いが見えない社長が経営する会社に、金融機関が追

加融資をしてくれると思いますか？

金融機関は、**この会社に融資することで、将来的に自行に利益をもたらしてくれる**という思惑があるから、融資してくれるのです。

「儲けたい！」「自分の給料を上げたい！」と真剣に想うことから始めましょう。

(2) 情熱

社長、あなたは会社経営に熱い想いがありますか？

創業社長は、自分で会社を立ち上げたわけですから、熱い想いがあります。

しかし、2代目、3代目社長は、先代社長の背中を見て育ち「自分ならこんなことをやりたい」という想いで経営を引き継いでも、それが儲かっていない会社の場合、社長は口にこそ出しませんが心の底で、

「この会社は自分の意志とは関係なく、長男だから仕方なく継いだ」

という**言い訳**がいつまでもあり、経営に対する情熱や熱い想いがまったく感じられない

社長もいます。

ある金融機関の融資担当者は、

「我々は、融資先企業の財務諸表を見て融資判断することは当然です。しかし、財務状況がよくても『経営に対する想い』が感じられない社長よりも、『今は厳しいが何とか経営を立て直したい』という熱い想いが感じられる社長に対して、何とかお手伝いしたいと思うのは自然なことです。我々はサラリーマンですから、石橋を何度も叩いてから渡りますが、**融資先企業の期待に金融機関として応えることにやり甲斐がある**から、この仕事をやっているのです」

と言っていました。

金融機関の担当者に対して、本当はやりたいとは思っていないことや、本音でもないことを言う必要はありませんし、無理にやる気を見せる必要もありません。

しかし、「金融機関と良好な関係を築きたい」「有利な条件で融資を受けたい」と思うのでしたら、「なぜこの事業をやっているのか？」「なぜこの会社を経営しているのか？」「自分は社長として、この会社を将来どうしたいのか？」を自問自答しましょう。

自問自答して心の底から湧き出てくる自分の想いを、表情と言葉に出すこともできなければ、ある程度の金額で買ってくれる取引先か同業他社、もしくは、やる気のある社員に早々に会社を譲ったほうが他の社員のためです。

金融機関は、社長の「熱い想い」を待っています。

(3) 経営の仕組み

社長、5年前、10年前と比べて、あなたの会社では同じような顧客クレームが繰り返されていませんか?

商品やサービスの品揃え、お客様はそれなりに増え、社内のパソコン台数もそれなりに増えてといった「それなりの変化」がある一方で、同じような顧客クレームが繰り返されてはいないでしょうか?

たとえば、ある会社では、お客さまからの発注情報の変更に対し、社内の担当者同士の連携がうまくいっておらず、誤出荷が繰り返されていました。

がさつな社員に代わって社長自ら顧客に対し、「申し訳ありません。これから気をつけます」と言葉だけでなんとかしのいでいました。

あるとき、現状分析のため「お客さまアンケート」と称して社長と一緒に顧客まわりをした際、別の顧客から、

「これまでいろいろ無理をきいてもらっているから、おたくの会社とおつき合いさせて頂いていますけど、うちのお客さんの目もだんだん厳しくなってきているんです。社長からも『他の仕入れ先を探すように』と言われています。もう言い訳はいらないです。しっかり対応してください」

と厳しく言われました。

このように、クレームの本質的な原因を探って対策をとっていないから、同じような顧客クレームが繰り返されるのです。

そうした会社では、**本質的な対策を講じる「経営の仕組み」が必要**です。

経営の仕組みづくりのことを、「業務のマニュアル化」と勘違いしている社長がいますが、違います。

一言でいうと、「**改善の仕組み**」です。

改善の仕組みをもっている会社は、外部環境の変化で業界全体が厳しくても、中小企業の社長特有の言い訳「社員のレベルが低い」としても、社長自身が先頭に立って、確実に伸びます。

具体的には一般に、「Ｐｌａｎ（計画）→Ｄｏ（実行）→Ｓｅｅ（確認）」、あるいは「Ｐｌａｎ（計画）→Ｄｏ（実行）→Ｃｈｅｃｋ（確認）→Ａｃｔ（改善）」というマネジメントサイクルがよく言われますが、私は、これをもっと実務的に「**ＹＫ（やれることを決める）→ＳＫ（すぐ行動）→ＭＫ（前向きな確認）**」という仕組みをコンサルティングで使っています（図１参照）。

それぞれについて、詳しく見ていきましょう。

ＹＫ「やれることを決める（Yarerukoto　wo　Kimeru）」

計画を立てる際（Ｐｌａｎ）に起こしがちな失敗があります。

それはたとえば、何らかの業務改善をする場合、社長が社員に対し単に「やってほしい」という願望や「頑張ればやれるはず」という期待のもとで、できもしない実行計画を

図1　改善の仕組み

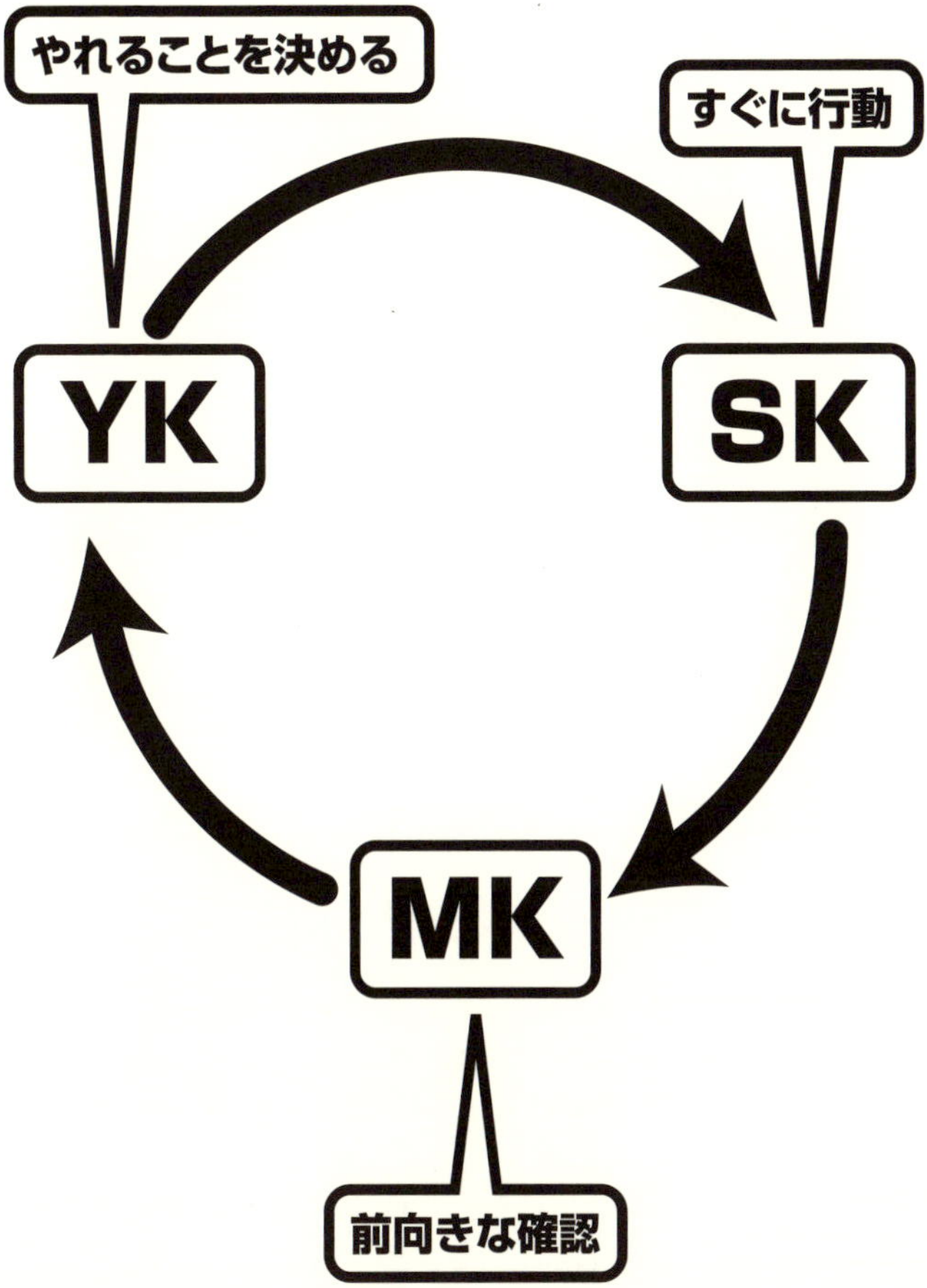
やれることを決める
すぐに行動
YK
SK
MK
前向きな確認

立ててしまうことです。

やることを決めるのではなく、やれることを決めるのです。

社長は、社員の実力や能力を十二分にわかっているはずでも、なぜか業務改善のときには願望や期待が高まってしまいがちですので、これを排除する必要があります。

SK「すぐに行動（Sugumi Koudou）」

通常業務（いわゆるルーチンワーク）では、たとえば「毎日、●時までに○×伝票を作成しないと、営業事務の×○さんが困る」ということがわかっていますから、今さらあえて制限時刻を明確にする必要がないことが多くあります。

そのため、通常業務をやりながら業務改善も行う場合、切羽詰っていない限りどうしても通常業務が優先され、業務改善はどうしても後回しになってしまいがちです。

しかしこれでは、いつまでたっても業務改善が進みません。

期限を決め、すぐに行動すること。これが大切です。

MK「前向きな確認（Maemukina　Kakunin）」

　不思議なことに、日常業務をしっかりこなしている人でも、業務改善の場合はできない理由をたくさん挙げられる人がいます。

「通常業務で忙しくて時間がなかった」

「○○さんがあの資料を作成してくれなかったから、自分の作業に着手できなかった」

「やろうとしたけど、やり方がわからなかった」

などなど。できない理由、できなかった理由を挙げても何ら先につながりません。

　仮に「通常業務で忙しくて時間がなかった」とすれば、たとえば上司と相談させて仕事の優先順位を一時的に見直したり（**仕事量の軽減**）、

「明後日金曜日の午後2時から4時まで、改善に取り組む時間を確保して集中できるように」

と、明日の朝礼で社員全員に協力を求めたり（**時間の確保**）、

「○○さんがあの資料を作成してくれなかった」

とすれば、○○さんの資料作成の期限を現実的に定めるとともに、社長自身が作成を支援したり（**周囲のフォロー**）、

「やり方がわからなかった」

とすれば、どの部分のやり方がわからなかったのかを具体的に聞き出し、一つひとつ丁寧に解決したり（**困難の分割**）といった具体的な支援を行います（図2参照）。

また、SKの「確認」には、単にできたかどうかの確認だけではなく、できたとすれば「もっと効率的に行うには？」、うまくできなかったとすれば「どうすれば次回はできるか？」といった、次につながる案出しも含めます。

「**自分の会社の社員はレベルが低いから……**」

と嘆いている社長。

これまでの経営のやり方に捕らわれることなく、**YK→SK→MK**を前向きに実践してみてください。

社員は、必ず応えてくれます。

このように、経営に必要なのは**おカネ**と**情熱**、そして**経営の仕組み**です。

図2　具体的な支援

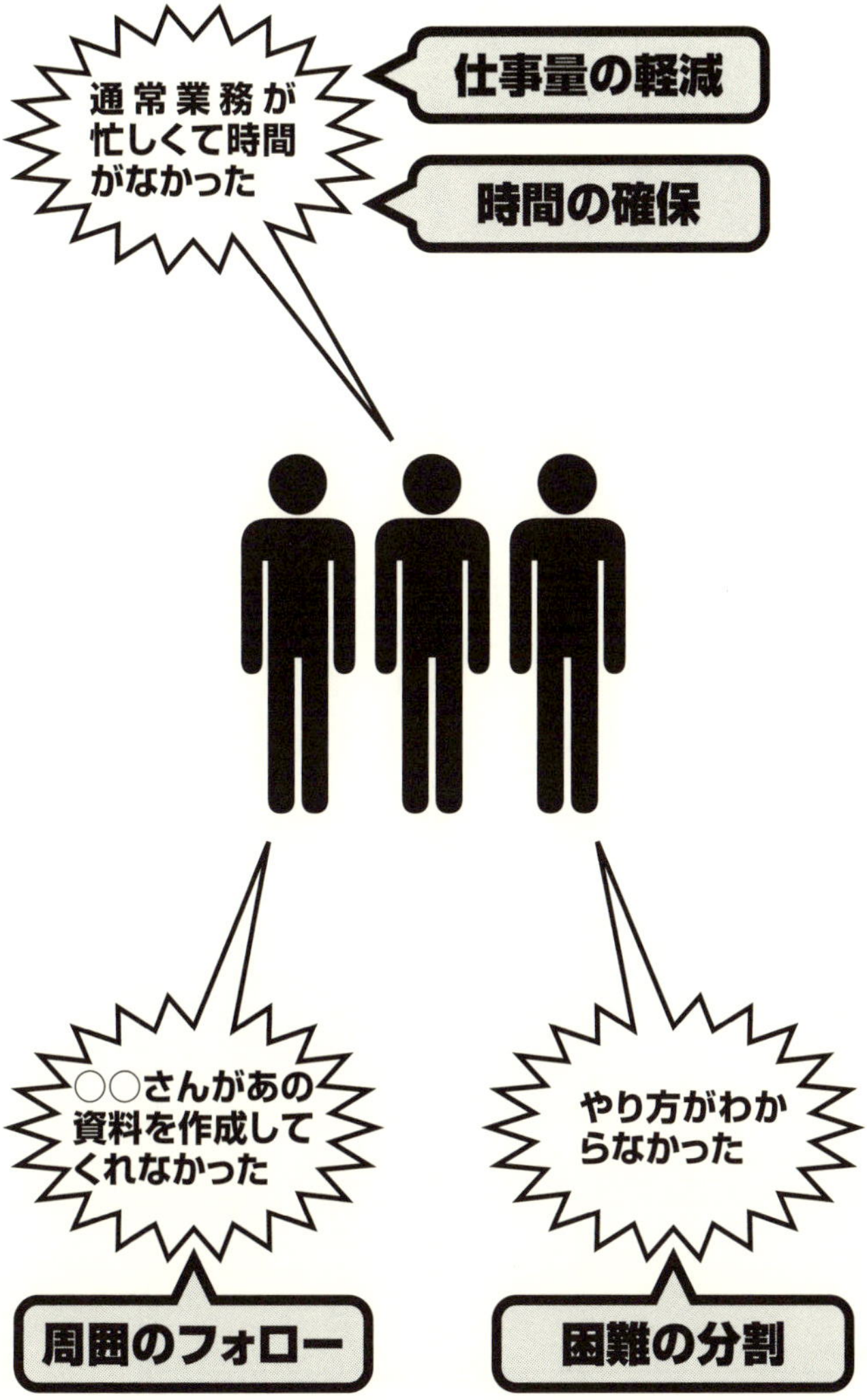
通常業務が
忙しくて時間
がなかった
仕事量の軽減
時間の確保
○○さんがあの
資料を作成して
くれなかった
周囲のフォロー
やり方がわか
らなかった
困難の分割

これを忘れないでください。
そして、**実践してください。**

コラム　すばらしき経営者　その5「私塾を開くK社長」

関西を中心として、年商約3億円の不動産仲介業を営むK社長は、不動産オーナーを対象とした私塾を、本社近くの貸し会議室で毎月開催されています。

塾では、不動産鑑定士やファイナンシャルプランナーなどの専門家を講師として、資産活用や税務対策など、不動産関連の様々なテーマを扱っておられます。

著者も以前お招きを受け、オブザーブとして参加しましたが、そのときは約20名の不動産オーナーの方々が参加されていました。

その際、受付や司会進行などの一連の運営は、K社の若手社員の皆さんがテキパキとこなしていたことが印象に残っています。

K社長の年齢は50代後半で、若手社員の方々は社長のお子さんと同世代です。

若手社員たちが塾を運営する姿を、Ｋ社長は通常の業務とは異なった視点で頼もしく見ておられるのではと、ふと思いました。

この塾は、Ｋ社にとって利益を直接生み出す場ではありません。不動産オーナーの参加者に様々な情報提供を行い、自社のファンを作るとともに、「皆さんにより充実した資産形成を行って頂きたい」というＫ社長の想いが溢れた場に違いありません。

また、自社にとって直接の利益とならなくても、経営者の事業に対する想いを実現する機会を設けることで、従業員の皆さんが活き活きと活躍できる場を設けることも素晴らしいことだと著者は思いました。

このように、社長自身の事業に対する想いを、さらに実現もしくは補完する何かについて、直接的なサービスや商品以外に現在のお客様に提供するにはどうしたらよいか、**今日5分間だけ**考えてみませんか。

エピローグ　○年後の高島印刷

「おはよう！」

20XX年4月1日、月曜日朝8時、高島社長はいつもより1時間早く出社してきた。

「あれっ!?　社長、今日は早いですね。何かあるんですか？」

「あほっ。田中！　今日は新入社員を迎える日だ。俺が来んでどうする！」

そう、今日は、2年ぶりに新入社員を迎える日である。

2年前に入社し、もうすっかり一人前となった田中以来の、同じ工業高校出身の後輩2人を迎える。

田中は入社以来、営業と現場の両方でみっちりと社長から鍛え上げられ、ほとんどの業務をひとりでこなすことができるようになった（時々、早とちりをしてしまい、社長から大目玉をもらうこともあるが……）。

8時ちょうど、いつもの朝礼が始まった。

田中が、一日の作業や資材の入庫、製品出荷の予定を従業員達に説明するところから始まる。

「皆さん、おはようございます。今日の予定は、……となっています。

それから、きのうの午後に不具合があったパッド印刷の5号機は、山本さんに夜10時までかかって修理して頂きましたので、今朝は通常通り使えます。

山本さん、久しぶりの残業、お疲れ様でした！

それから、今日は新入社員のお二人を紹介します。私と同じ○○工業高校をこの3月に卒業したばかりの高原君と鈴木君です。高原君は機械工学科卒、鈴木君は化学科卒で、それぞれトップに近い成績で卒業した優秀な二人です。

今年の一月以来、私がじっくり考えた『一人前育成プログラム』にのっとり、6月末までの3ヶ月間は二人に社内外でいろいろと勉強してもらい、7月から実務に入ってもらいます。どうか皆さん、よろしくお願いします。

高原君、鈴木君、挨拶をお願いします」

「おはようございます、高原○×と申します。部活はサッカーをやっていまして、……」

「おはようございます、鈴木×○と申します。高槻から自転車で通いますが、……」

「それでは最後に、珍しく8時に出社されました社長から一言お願いします」

「いつも、お前は一言多い。オホンッ！　え～皆さん、我が**TPS**（注：新社名タカシマ・プリンティング・ソリューションの略）も、一昨年入社した田中君に続き、今年は2人、さらに優秀な新人を迎えることができました。

高原君は、工程管理や社内の機械設備の自主保全、それから機械メーカーとの共同開発を主に担当してもらいます。

鈴木君は、昨年から取り組んでいる新規事業○○において、化学的な見地から試験を担当してもらいます。コンピュータもある程度使えると聞いていますし、またデザインにも興味があるようなので、お客さんに対し提案力のあるデザインを考えてくれると期待しています。

もちろん、二人とも現場にも入ってもらいますし、営業同行もやってもらいます。自分達の給料の3倍くらいは、今年の夏からは稼いでもらいます。それから……」

「社長、長くしゃべりすぎです。皆、笑っていますよ……」

と田中が朝礼を打ち切った。

「プシュッ、ガシャン」「プシュッ、ガシャン」「プシュッ、ガシャン」

パッド印刷機、平面機とともに、粛々と稼動している。

印刷作業を完了後、各作業者はバーコード読みとり機で自分の名札についた作業者コードと作業指示書に印刷された製造指図番号コードを読みとらせ、印刷完了入力を行う。

そして、検品担当者が検品完了後に別途、バーコード読みとり機で同様に行う。

現在は、バーコード読みとり機のテスト運用段階で、印刷完了用と検品完了用の2台のみのため、作業者に無駄な動線ができているが、ある程度運用のメドがたってきたのでこの夏からは、バーコード読みとり機を各機械に備えつけ、作業現場にいながら印刷完了入力を行う予定である。

作業の電子化により、1階の事務所にいながら2階、3階の進捗《しんちょく》状況がわかり、顧客からの問合せに対して迅速に回答できるようになった。

さらに社長や田中は、携帯電話で作業の進捗が外出先や自宅でも、ほぼリアルタイムでわかる仕組みになっている。

また日中、担当作業が終わった後（製造指図単位の作業が終わった後）、従業員達は一日全体の生産計画に基づき、次の作業に速やかにとりかかっている。

昼食時休憩を除き、基本的に製造指図の切れ目で各作業者は自主的に10分程度の休憩をとるため、作業を順調にこなしている途中で中断は発生しない。

まだ慣れていない新人の従業員は別として、ある程度の機械調整や製品の仕上がり判断は、各作業者がかなりできるようになったため、機械の不具合や大きな作業ミスがなければ、全体的にかなり円滑になった（たまに、女性特有のムダ口、おしゃべりが出ることもあるが、コミュニケーションのひとつとして、社長も田中もある程度は黙認している）。

機械設備は順次更新しているが、数年前と比べて特に性能が高い機械を新たに導入したわけではない。

機械設備と従業員との間の作業性や動線（マン／マシン・インターフェース）の改善や、明確な生産指示、計画および進捗情報の共有、段取りの見直し等の地道な改善により、2008年に比べ生産性（投入工数あたりの出来高）が約8％upし、製造コストが5％downした。

現在の生産進捗管理ボードは、ホワイトボードへの手書きで十分機能を果たしている。

しかし、バーコード読みとり機への入力とホワイトボードへの手書きが、二重作業となっているので、来年早々には総費用約100万円をかけて、大型のプラズマディスプレイ

図1　TPSが取り組んだ作業の電子化

9781234567897
①作業進捗や入出庫を、バーコード入力
②社内コンピュータネットワークによる情報の連携
③事務所にいながらの進捗管理

を3階に導入する予定である。

バーコード読みとり機とも連動させ、生産計画および進捗状況、1階の事務所からの諸連絡などを、ほぼリアルタイムで表示させることになっている（図1参照）。


また、2008年春に導入した「**スキルアップ制度**」により、現場の各従業員は、

①**作業能率**
②**機械設備のセッティングおよび自主メンテのスキル**
③**教育能力**（新人への作業指示など）

の3点で評価され、給与に明確に反映されることとなった。

前向きに頑張る人に報いる制度である。

なお、この制度の導入前には、社会保険や税金等、各人の要望をしっかりとヒアリングし、十分な説明および助走期間を設けた。

この会社で働くようになって5年になる吉田（42歳、主婦）は、昨年初めて「**改善アワード（表彰）**」を受賞した。

「印刷後の製品の乾燥方法における改善」が受賞理由である。

図2　アワードのイメージ

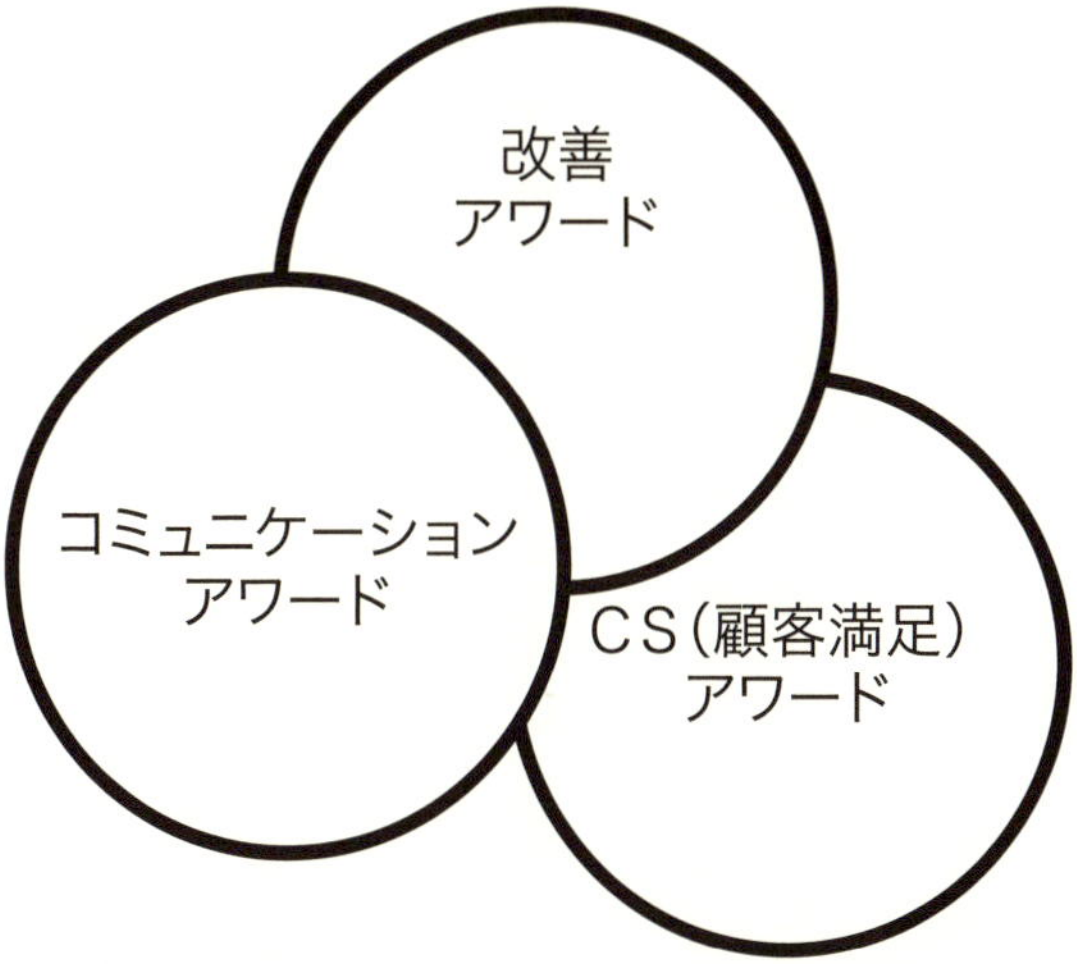

これまでは、ドライヤーをその都度手で持って作業していたが、簡易な足踏みペダルスイッチの導入により両手が自由となり、作業性が向上したからである。

従業員のモチベーションに対して、アワードの効果は大きい。

吉田に限らずアワードを受賞した従業員は、それまで以上に工程改善へ意識の高まりが顕著に見られた。

アワードは3つあり、改善アワード以外に社内の円滑なコミュニケーションに貢献した人に贈られる「**コミュニケーションアワード**」と、取引先からお褒めの言葉を頂いた人に贈られる「**CS（顧客満足）アワード**」がある（図2参照）。

「褒められると、人はもっと頑張る」「褒められると、職場が楽しくなる」「褒められると、人は単純に嬉しい」という発想である。

各アワード受賞者は毎年、最寄り駅近くの居酒屋で開かれる忘年会において、全従業員の前で社長から発表され、感謝の言葉と記念品が授与される。

この記念品は3,000円相当の品で、3つのアワード分の計9,000円は、社長のポケットマネーだ。

ちなみに、忘年会は自費にもかかわらず、アワードの発表と日頃のうっぷん晴らしが楽しみでほとんどの従業員が出席し、遅くまで話に花を咲かせている。

夕方5時、早々に仕事を終えた田中は、スーツに着替えて駅に向かった。

この秋、簿記3級試験合格を目指し、毎週一回、大阪の梅田にある専門学校に通っているのだ。

費用は、全額自費。昨年秋から勉強を始めている。

通学のため、週一回、夕方の業務を早めに終えることを田中自ら社長に申し出て、了解を得た。

疲れから講義中たまに寝てしまうらしいが、自費で通っている以上、真剣そのものである（本人談）。

合格したら金一封を出そうと、社長は密かに考えている。

夕方6時、現場に社長の声が響く。

「おい、みんな。各担当の機械調整はできたかぁ？　今度リーダーになった丸山さん、すまんけど、自分の所が終わったら先週から来ている三木さんのサポートをお願いね」

夜7時、山本に続き社長も家路に着いた。

特に顧客から急な呼び出しや機械トラブルがなければ、いつもこの時間には会社を後にする。

これらは、数年前に小田と一緒に高島が慣れないパソコンに向かって書いた「経営改善計画書」の内容が、実現した姿である。

資金繰りといった財務面ではまだまだ楽になったとは言えないが、『経営のレベル』は確実に上がった。

２０ＸＸ年、ＴＰＳの一日は今日も暮れていく。

あとがき

本書を読まれて、どのような感想を持たれたでしょうか？

金融機関の融資姿勢の変化をふまえ、担保や保証が不十分でもより有利な融資を受ける可能性があることや、融資の円滑化のために中小企業の経営者の皆さんに取り組んで頂きたいこと、特に「経営改善計画書の有用性」をお伝えしたいと思い筆をとりました。

本書の読者で、特に税理士と中小企業の社長に対しては、ここで改めてメッセージを送りたいと思います。

まず、税理士さんへ。

私は、大阪商工会議所や高槻商工会議所といった近畿の商工会議所で、本書の内容のセミナー講師を何度となくやらせて頂いています。

セミナーの休憩中や終了後に、受講生の皆さん、すなわち多くの中小企業経営者の方々と接して感じることは、金融庁の動きや金融機関の融資姿勢の変化を、おカネの面で右腕でもある税理士の皆さんが、経営者に伝えていないことです。

税理士の役割は「適正な納税の支援」ですから、金融庁の動きや金融機関の融資姿勢の変化を、あえて伝えなくてもよいのかもしれません。

しかし、顧問先企業のおカネの面で、アドバイザーとしても支援したいのであれば、本書の内容を、是非、顧問先企業にお伝え頂きたいと思います。

次に、中小企業の社長さんへ。

儲かっている会社は、金融機関とのつき合い方が上手です。

つかず離れずの、程よい距離感を保っています。

もしくは、程よい距離を保とうと社長が試行錯誤しています。

本書でも紹介した「金融検査マニュアル」を全文読む必要は、ありません。

本書の内容をある程度ご理解頂き、「経営改善計画書の作成」のように実践頂くことで、信用格付けの向上と円滑な融資につながります。

経営改善計画書は金融機関対策だけでなく、未来志向の経営につながります。

本書が、その動機づけの一助になれば幸いです。

最後になりましたが、本書を世に出す機会を提供頂いた株式会社コンサルジェント代表取締役樋笠社長、遅筆の私を根気強く励まして頂いた、総合法令出版株式会社編集部白岩様、営業部古森様、「島ノ内先生、出版はまだですか?」と何度となくプレッシャーを与えて頂いた中小企業診断士実務補習の皆さんに感謝したいと思います。
本当に有難うございました。

2008年4月

島ノ内英久

参考書籍

・『中小企業「格付け」取得の時代　～中小企業専用「日本SME格付け」の効用とその実際～』（大久保豊・稲葉大明著　金融財政事情研究会）

・『業種別審査辞典』（金融財政事情研究会編）

・『中小企業経営者のための金融検査マニュアル別冊　中小企業融資編のすべて』（中村中著　TKC出版）

・『金融検査マニュアル対応　中小企業の格付けUP戦略』（鈴木宏著　日本法令）

巻末資料①：「金融検査マニュアル別冊〔中小企業融資編〕」

3．検証ポイントに関する運用例

【事例NO】	【検証ポイント】
事例1	「企業の実態的な財務内容について」
事例2	「多額の代表者報酬により赤字となっていることについて」
事例3	「代表者の資力を法人・個人一体とみることについて」
事例4	「代表者の長男の支援について」
事例5	「技術力について」
事例6	「技術力に関する大手企業との取引状況や金融機関の評価態勢について」
事例7	「販売力について」
事例8	「商品実績や新規販売経路の開拓について」
事例9	「代表者等個人の信用力や経営資質について」
事例10	「業種の特性について」
事例11	「収支計画の具体性及び実現可能性について」
事例12	「経営改善状況と今後の見通しについて」
事例13	「経営改善計画を下回っているものの十分なキャッシュフローが確保されている場合、または、その見込みが確実な場合等について」
事例14	「外部要因による一時的な影響により経営改善計画を下回った場合について」
事例15	「支援の意思と再建の可能性について」
事例16	「貸出条件及びその履行状況について」
事例17	「貸出条件の変更に至った要因の検討について」
事例18	「書替え継続中の手形貸付に係る貸出条件緩和債権（元本返済猶予債権）の取扱いについて（1）」
事例19	「書替え継続中の手形貸付に係る貸出条件緩和債権（元本返済猶予債権）の取扱いについて（2）」
事例20	「法定耐用年数内での期限延長を行った場合の貸出条件緩和債権（元本返済猶予債権）の取扱いについて」
事例21	「信用保証協会保証付貸出金に対し期限延長を行った場合の貸出条件緩和債権（元本返済猶予債権）の取扱いについて」
事例22	「担保・保証等で保全されている場合の貸出条件緩和債権（元本返済猶予債権）の取扱いについて」
事例23	「債務者の状況が好転し信用リスクが軽減した場合の貸出条件緩和債権の取扱いについて（いわゆる卒業基準）」
事例24	「経営再建計画に沿った経営再建が見込まれる場合の貸出条件緩和債権の取扱いについて（いわゆる卒業基準）」
事例25	「経営再建計画に沿った経営再建が開始されている場合の貸出条件緩和債権の取扱いについて（いわゆる卒業基準）」
事例26	「要注意（要管理）先債務者において、経営再建計画に沿って、既存の債務を資本的劣後ローンに転換した場合の取扱い」
事例27	「一時的かつ外部的な影響により赤字や債務超過となった企業の判断」

巻末資料②：都道府県等地域中小企業支援センター
（中小企業庁ホームページより）

都道府県等 中小企業支援センター名	住所	電話番号
（財）北海道中小企業総合支援センター	札幌市中央区北１条西２丁目　経済センタービル	011-232-2001
（財）さっぽろ産業振興財団 （札幌中小企業支援センター）	札幌市中央区北１条西２丁目 経済センタービル２階	011-200-5511
（財）21 あおもり産業総合支援センター	青森市新町２丁目 4- １ 青森県共同ビル７Ｆ	017-777-4066
（財）いわて産業振興センター	盛岡市飯岡新田 3-35-2 岩手県先端科学技術研究センター２階	019-631-3820
（財）みやぎ産業振興機構	仙台市青葉区上杉 1-14-2 宮城県商工振興センター３Ｆ	022-225-6636
（財）仙台市産業振興事業団	仙台市青葉区中央 1-3-1 ＡＥＲ７階	022-724-1212
（財）あきた企業活性化センター	秋田市山王 3-1-1	018-860-5610
（財）山形県企業振興公社	山形市城南町 1-1-1 霞城セントラル 13 Ｆ	023-647-0660
（財）福島県産業振興センター	福島市三河南町１番 20 号 コラッセふくしま６階	024-525-4070
（財）茨城県中小企業振興公社	水戸市桜川 2-2-35 茨城県産業会館９Ｆ	029-224-5317
（財）栃木県産業振興センター	宇都宮市刈沼町 369-1 とちぎ産業創造プラザ内	028-670-2607
（財）群馬県産業支援機構	前橋市大渡町 1-10-7 群馬県公社総合ビル２Ｆ	027-255-6500
（財）千葉県産業振興センター	千葉市美浜区中瀬 2-6 ＷＢＧマリブイースト 23 Ｆ	043-299-2901
（財）千葉市産業振興財団	千葉市中央区中央 3-2-1 三菱ＵＦＪ信託銀行千葉ビル６階	043-201-9501
（財）埼玉県中小企業振興公社	さいたま市大宮区桜木町 1-7-5 大宮ソニックシティビル 10 Ｆ	048-647-4101

（財）さいたま市産業創造財団	さいたま市中央区下落合 5-4-3 さいたま市産業文化センター４階	048-851-6652
（財）東京都中小企業振興公社	千代田区神田佐久間町 1-9 東京都産業労働局秋葉原庁舎	03-3251-7886
（財）神奈川中小企業センター	横浜市中区尾上町 5-80	045-633-5200
（財）横浜産業振興公社（横浜市中小企業支援センター）	横浜市中区太田町 2-23 横浜メディア・ビジネスセンター７階	045-225-3723
（財）川崎市産業振興財団（川崎市中小企業サポートセンター）	川崎市幸区堀川町 66-20 川崎市産業振興会館７階	044-548-4141
（財）にいがた産業創造機構	新潟市万代島５番１号 万代島ビル９階・10 階	025-246-0025
（財）長野県中小企業振興センター	長野市中御所岡田 131-10	026-227-5028
（財）やまなし産業支援機構	甲府市大津町 2192-8	055-243-1888
（財）しずおか産業創造機構	静岡市葵区追手町 44-1 静岡県産業経済会館４Ｆ	054-273-4434
（財）静岡産業振興協会（静岡市中小企業支援センター）	静岡市葵区御幸町 3-21 ペガサート６階・７階 静岡市産学交流センター内	054-275-1655
（財）あいち産業振興機構	名古屋市中区丸の内 3-1-6	052-231-6351
（財）名古屋都市産業振興公社（新事業支援センター）	名古屋市千種区吹上 2-6-3 名古屋市中小企業振興会館５Ｆ	052-735-0808
（財）岐阜県産業経済振興センター	岐阜市薮田南 5-14-53 岐阜県県民ふれあい会館 10 Ｆ	058-277-1090
（財）三重県産業支援センター	津市栄町 1-891 三重県合同ビル５Ｆ	059-228-3321
（財）富山県新世紀産業機構	富山市高田 527 情報ビル１Ｆ	076-444-5605
（財）石川県産業創出支援機構	金沢市鞍月２丁目 20 番地 石川地場産業振興センター新館	076-267-1001
（財）ふくい産業支援センター	福井県坂井市丸岡町熊堂３号７番地 1-16	0776-67-7400

（財）滋賀県産業支援プラザ	大津市打出浜 2-1 コラボしが 21·2 階	077-511-1414
（財）京都産業 21	京都市下京区中堂寺南町 134 京都府産業プラザ内	075-315-8848
（財）京都市中小企業支援センター	京都市下京区四条烏丸入 京都産業会館２Ｆ	075-211-9311
（財）大阪産業振興機構	大阪市中央区本町橋２番５号 マイドームおおさか７Ｆ	06-6947-4375
（財）大阪市都市型産業振興センター（大阪産業創造館）	大阪市中央区本町 1-4-5 大阪産業創造館	06-6264-9800
（財）ひょうご産業活性化センター	神戸市中央区雲井通 5-3-1 サンパル６Ｆ、８Ｆ	078-230-8051
（財）神戸市産業振興財団	神戸市中央区東川崎町 1-8-4 神戸市産業振興センター６階	078-360-3199
（財）奈良県中小企業支援センター	奈良市柏木町 129-1 なら産業活性化プラザ３階	0742-36-8312
（財）わかやま産業振興財団	和歌山市西汀丁 26 番地　和歌山県経済センター３Ｆ	073-432-3412
（財）鳥取県産業振興機構	鳥取市若葉台南７丁目 5-1	0857-52-3011
（財）しまね産業振興財団	松江市北陵町１番地　テクノアークしまね内	0852-60-5110
（財）岡山県産業振興財団	岡山市芳賀 5301 テクノサポート岡山１Ｆ	086-286-9626
（財）ひろしま産業振興機構	広島市中区千田町 3-7-47 広島県情報プラザ１Ｆ	082-240-7701
（財）広島市産業振興センター	広島市西区草津新町１丁目 21 番 35 号（広島ミクシス・ビル内）	082-278-8032
（財）やまぐち産業振興財団	山口市熊野町１番 10 号 ＮＰＹビル 10 階	083-922-3700
（財）とくしま産業振興機構	徳島市西新町 2-5 徳島経済センター３Ｆ	088-654-0101
（財）かがわ産業支援財団	高松市林町 2217-15 香川産業頭脳化センター内	087-869-3700

（財）えひめ産業振興財団	松山市久米窪田町 337-1 テクノプラザ愛媛内	089-960-1100
（財）高知県産業振興センター	高知市布師田 3992-2 ぢばさんセンター２Ｆ	088-845-6600
（財）福岡県中小企業振興センター	福岡市博多区吉塚本町９番 15 号 福岡県中小企業振興センタービル	092-622-6230
（財）北九州産業学術推進機構	北九州市戸畑区中原新町 2-1　北九州テクノセンタービル１Ｆ	093-873-1430
（財）佐賀県地域産業支援センター	佐賀市鍋島町八戸溝 114	0952-34-4411
（財）長崎県産業振興財団	長崎市出島町 2-11　出島交流会館６階・7 階	095-820-3091
（財）くまもとテクノ産業財団	熊本県上益城郡益城町田原 2081-10	096-286-3311
（財）大分県産業創造機構	大分市東春日町 17-20　ソフトパークセンタービル	097-533-0220
（財）宮崎県産業支援財団	佐土原町東上那珂 16500-2	0985-74-3850
（財）かごしま産業支援センター	鹿児島市名山町 9-1　産業会館２Ｆ	099-219-1270
（財）沖縄県産業振興公社	那覇市字小禄 1831-1　沖縄産業支援センター４階	098-859-6255

巻末資料③：経営改善計画書（簡易様式の記入例）

作成日：平成 19 年 10 月 1 日

経営改善計画書

3ヶ年計画

対象期間：平成 19 年 10 月 1 日～ 22 年 9 月 30 日

（1）企業概要

主要製品やサービス	アルミホイルなどの家庭用アルミ製品の製造卸
主な取引先	・販売先（株）A（売上の約 4 割）、（株）B（同約 1 割）など ・仕入先：（株）C、（株）D など
資本金	1,000 万円
年商	約 8 億 2,000 万円（平成 19 年 9 月期　見込み）
従業員数	55 名（パート労働者含む）
経営理念	お客様の笑顔と環境に優しい製品づくりを目指して （これまでの経営理念「品質第一でお客様に奉仕する」から、この度、変更）
役員	・代表取締役　島ノ内三郎 ・専務取締役　氏名（工場長） ・取締役　氏名（営業部長）
これまでの歩み	昭和 25 年 大阪市福島区にて個人商店として、現代表取締役島ノ内三郎の祖父島ノ内一郎がアルミ関連卸業を開業 昭和 30 年 有限会社として法人化、アルミ関連製造業となる 昭和 32 年 近隣の区画整理のため大阪市西区へ移転 昭和 40 年 東京営業所開設 昭和 45 年 社屋拡張　および株式会社化 昭和 50 年 創業者死去にともない、長男島ノ内二郎が事業継承 平成 10 年 島ノ内二郎の長男島ノ内三郎が代表取締役に就任 平成 12 年 ISO9001 認証取得 平成 13 年 年商が初めて 10 億円を超える
所在地	〒○○○－○○○○ 大阪市西区○○ 1-2-3 TEL：(06) 1234-5678 FAX：(06) 1234-5678 ホームページ：www. ○○○○ .co.jp E メール：info @○○○○ .co.jp

ホームページや会社案内パンフレットに掲載している程度の企業概要情報を記載します。

（2）ＳＷＯＴ分析

事業環境の機会（厳しい業界ながらも、自社にとってチャンスとなる可能性があること）

1. 関西地区の競合他社の廃業（Ｋ社、Ｍ社）
2. 競合他社の廃業や取引先のオープン化などにともない、これまで弊社の納入実績がない複数企業からの引き合い
3. 食の安全に対する消費者意識の高まり（トレーサビリティ等に対応できれば、価格面において現状維持もしくは、より高い単価設定の可能性あり）
4. インターネットの普及にともない、梱包材などの副資材の調達先が広がってきた
5. 近隣の貸し倉庫の供給が増え、外部倉庫を安価に手配しやすくなってきた

事業環境の脅威（規制緩和による他業界からの参入や顧客ニーズの変化など）

1. 国内外のアルミ資材の高騰（３年前に比べ約２割高）
2. 原油高による工場操業コスト増（製品および機械洗浄用溶剤やボイラなど）
3. 輸送コスト増（３年前に比べ約２割高）
4. 弊社主力商品であるアルミ関連家庭用品の国内需要の減少（業界団体によると、５年前に比べ２割弱減）
5. 大手顧客の海外調達を含めた仕入先の選別の動き（購買方針の大幅な見直しを推進している模様）

自社の強み（自信を持っていることや、お客様に支持されていること）

1. 競合他社に比べ、比較的最新の機械設備を導入しており、生産性が高い
2. 熟練した現場作業者が多く、ある程度、生産を任せることができる
3. 資材等の購買品に起因する問題は、ほとんどない
4. アルミ関連日用品についての製造ノウハウがある
5. ISO9001 を取得している
6. 納期遵守は徹底しており、納期面でとくに問題はない
7. 大手顧客(株)Ａの担当者と社長とは長年の付き合いであり、信頼されている
8. 半年に一度定期的に社長が社員全員面談をしており、社員の意識は把握できている

自社の弱み（自社を客観的にみて、不十分なこと、競合他社に比べ劣っていること）

1. 大手顧客(株)Ａに売上の約４割を依存しており、一社依存の高いリスク
2. 優れた品質の一方、思いがけないクレームが時々起こり、またこれらのクレーム対策で、社長を含めた社員の時間が不定期に割かれる
3. 顧客からのクレームや要望などの対応が属人的で会社として対応する仕組みが欠如（顧客ヒアリングで指摘された）
4. 工場に自主的な改善をする社風がない
5. 売り上げ減や先行きの不透明さ等により、社員の労働意欲が低下している（社員アンケートに基づく）

事業環境の機会と脅威、自社の強みと弱みを客観的に評価する、いわゆるＳＷＯＴ分析を書きます。

（3）直近実績および経営目標（概要）

（単位：万円）

	実績		見込み		計画								
	18年9月		19年9月		20年9月		21年9月		22年9月		23年9月		
		売上比		売上比		売上比		売上比		売上比		売上比	19年9月と比べて
売上高	901		822		840		860		880		900		+78
売上原価	680	75.5%	641	78%	648	77.1%	654	76%	659	74.9%	670	74.4%	+29
売上総利益	221	24.5%	181	22%	192	22.9%	206	24%	221	25.1%	230	25.6%	+49
販管費	214	23.8%	200	24.3%	215	25.6%	210	24.4%	208	23.6%	211	23.4%	+11
営業利益	7	0.8%	-19	-2.3%	-23	-2.7%	-4	-0.5%	13	1.5%	19	2.1%	+38
営業外損益	-20		-20		-15		-15		-10		-9		+11
経常利益	-13	-1.4%	-39	-4.7%	-38	-4.5%	-19	-2.2%	3	0.3%	10	1.1%	+49

上表は努力目標ではなく、最低ラインの財務目標とし、3年後の平成22年9月期に、売上高900百万円、経常利益10百万円を達成します。

借入金返済計画を含めた見積損益計算書および見積貸借対象表の詳細は、別途資料参照。


売上目標や利益目標などを、ここに文章化します。

過去5期および将来3期にわたる貸借対照表および、損益計算書を表計算ソフトで作成し、詳細資料として添付します（キャッシュフロー計算書もあるほうが望ましい）。

金融機関は、この資料を最も重要視するといっても過言ではありません。

「借入金返済計画を含めた見積損益計算書および見積貸借対象表の詳細は、別途資料参照」と記載し、経営改善計画書本文では、このような簡易的な表形式で構いません。

（4）現在の状況および今後の具体的な取組み

	経営課題	今後の具体的な取組み
経営全般	・今後の具体的な会社の方向性や経営目標を明文化した経営計画がない ・現在の課題や将来の会社の姿などについて、会社全体で意見交換する社風がない	・今回作成した経営改善計画書に基づいて、改善に取り組むとともに、毎月一回、進捗確認会議を行う
販売	・大手顧客Ａ社に対する、売上を上げるためのアピール不足（同社は弊社を含め４社から購買している） ・既存顧客に安住し、新規顧客開拓を真剣にやっていない ・会社として与信に対する意識が低く、営業担当者の売掛金回収に対する意識も低い	・経営改善計画書の内容をＡ社向けに編集し、今後の自社の経営努力を具体的に示し、取引拡大を図る ・新規顧客開拓のため、毎月３社、社長自ら見込み客を訪問営業する ・これまで本社の経理担当が行っていた入金確認を営業担当者自身が行い、売掛金回収の意識を高めるとともに、与信管理のため信用調査会社を活用する
仕入	・購買先見直しの努力を怠っている	・アルミを含めた主要資材５品の相見積りを、本年度上期中に行う
原価	・毎年年初にコストダウン目標は設定していたが、ほとんど管理していない	・今回新たに定めたコストダウン目標を月次計画に展開し、進捗確認する
人材	・現場の若手社員に製造ノウハウを伝える体系立てた教育をせず、ベテラン任せになっている ・都度の欠員補充はやっているが、数年先の組織を見据えた人材の採用をやっていない	・ISO9001 取得時に作成し活用していなかった、教育訓練の体系を見直す ・基本的に、毎月第一水曜日３時から５時まで、現場教育の時間とする（詳細は別途計画する）
情報	・ＦＡＸによる受注や手書きによる諸伝票など紙資料が多く、業務が非効率 ・社長をはじめｅメールや表計算ソフトなどコンピュータに不慣れな社員が多い	・パソコンが得意な社員Ｗを講師とする社内パソコン教室を毎月１回開催し、業務に即したｅメールや表計算ソフトの習得を図る（帳票の電子化や業務のシステム化等は、多額の費用が見込まれるため、現時点では保留とし、今後の残課題とする）
借入返済	・年商とほぼ同額の約 10 億円の借り入れが、財務上の大きな負担となっている ・売り上げが低迷する中、毎月の資金繰りに社長が思案することが多い	・15 年前に購入し未利用地となっている、和歌山県の土地の半年以内の売却を目指す。この売却益により、当面の運転資金を円滑にするとともに、社長が新規顧客開拓を含めた諸改善に注力する時間を増やす

このような項目別に、現在の「経営課題」と「今後の具体的な取組み」を箇条書きにします。「経営全般」「販売」「仕入」といった項目は、製造業やサービス業、建設業などで異なります、経営全体を網羅できる項目を挙げてください。

【著者紹介】

島ノ内英久（しまのうち・ひでひさ）

1967年長崎県生まれ。株式会社ウィレンス代表取締役。経営改善実践コンサルタント。中小企業診断士。
1992年九州大学大学院工学研究科修了後、ヤンマーディーゼル㈱（現ヤンマー㈱）にて、ディーゼルエンジン生産技術などを担当。その後、米国イリノイ大学留学、プライスウォーターハウスクーパース　コンサルタント㈱等を経て、2003年に経営改善実践コンサルティング㈲WILLENSを設立。2005年同社を株式会社化し、同社代表取締役に就任。現在に至る（本社：大阪市）。
関西の年商1億円から100億円までの中堅、中小企業を対象に、経営改善計画書の作成と経営改善の実践コンサルティングを行いながら、商工会議所のセミナー講師や社員研修、中小企業支援センターの登録アドバイザーなど、様々な分野で活躍中。現在、主に中堅・若手リーダー育成支援に注力している。

◇株式会社ウィレンス◇
www.willens.jp

EYE LOVE EYE

視覚障害その他の理由で活字のままでこの本を利用出来ない人のために、営利を目的とする場合を除き「録音図書」「点字図書」「拡大図書」等の製作をすることを認めます。その際は著作権者、または、出版社までご連絡ください。

社長！こうすれば会社のお金はもっと借りられます

2008年7月8日　初版発行

著　者　島ノ内英久
発行者　仁部　亨
発行所　総合法令出版株式会社
〒107－0052　東京都港区赤坂1-9-15 日本自転車会館2号館7階
電話　03-3584-9821（代）
振替　00140-0-69059

印刷・製本　中央精版印刷株式会社

落丁・乱丁本はお取替えいたします。
©Hidehisa Shimanouchi 2008 Printed in Japan
ISBN 978-4-86280-075-6

総合法令出版ホームページ　http://www.horei.com

総合法令出版の好評既刊

できる社長は持っている社員の声を「聞く力」

「社長、裸の王様になっていませんか?」著者が全国を飛び回って得た経験では、社長と社員の間には、大きなコミュニケーションギャップが横たわっていると感じられました。しかし、このギャップこそが企業成長を阻害する障害となるのです。本書では、日常起こるギャップ場面にイラストを交えてショートストーリーで描写。ギャップが起こる原因を「分かりやすく」解説しています。劇的に『強い組織・伸びる組織』に変わるきっかけに!

門脇竜一　著　　　定価（本体 1,400 円+税）